生命數字密碼

密碼

總有一個數字掌控著你的命運

蘇醒◎著

【編輯序】

對每個人來說，不可改變的除了基因，還有生日。基因密碼得請醫學家來破譯，生日中隱藏的秘密卻可由我們自己來破解。

生命數字密碼即生日中隱藏的秘密，是人生的縮略圖，包攬了一個人的人生概況。它也是人生的導航圖，看著這張圖，你能更清楚地看到前方的道路，不會在黑暗中迷失。

只是幾個組成生日的阿拉伯數字，就可以從各方面演繹一個人的個性。

將出生年月日依次相加到最後一個個位數就得到了生命數，這個數字代表了一個人的生命意義，它是實現個人目標的學習方向，是宇宙賦予每個人的角色定位。

先天數如我們的基礎密碼，它不摻雜後天潛能部分，僅僅是單純的天性透露，也就是說，這串數字就是我們的真實面目。透過出生的年月日可以反映人生不同成長階段：啟蒙期、壯年期和晚年期的命運特徵。

生命密碼中的天賦數能幫你瞭解後天的能量。天賦數可比喻為人生旅途中的指南針，它既是潛伏在身體裡的待發能量，同是也是後天學習的方向，協助你完成人生使命。你的身體裡一定蘊藏著獨特的天賦，想知道是什麼嗎？走進生命數字吧！

相較前面這些數字，生日九宮圖則更直觀形象。連線與空缺中顯示出了一個人的整體能量及缺失能量呢！拿音樂天后瑪丹娜來說，她出生於1958 年 8 月 16 日。她生日的九宮圖準確地預示了瑪丹娜很有主見，非常清楚自己的需求，具備領導力和霸氣；但也脾氣暴躁，缺乏耐心，非常自大。你也可以拿起筆和紙畫出自己的九宮圖，看看自己的真實面目哦！

大家都知道，童年關乎一個人的一輩子。每個人的童年既絢麗多彩又

難免美中不足，這竟然也能從生日密碼中獲得！將出生的月和日相加，得到的和就是限制數，這個數字能夠反映出童年時期在父母的調教和影響下養成的一些「毛病」。

考慮問題全面的人肯定會問，生命數字除了顯示我的整體情況，還能預測我的流年狀況嗎？答案是肯定的，同樣只需要很簡單的幾步，流年運勢盡展眼底。

當然，生日是註定的，命運是自己的。採取有效的措施完全可以吸引數字能量，讓那些本來離你較遠的能量逐漸靠近。如簡單的色彩彌補就是不錯的選擇，還可以更改衣著顏色和家居色彩。

生命數字方便快捷，只要你知道對方的生日，都可信手拈來，你可以用它來瞭解自己、家人、客戶、朋友……

生命數字是一種便捷的工具，試想：按照它的指示克服人生難關，順勢發展是不是要比不瞭解自己，逆流而上要順利很多呢？有了這種工具，我們會更容易掌控自己的情緒、交際、工作……

還必須提醒讀者的是，生命數字不是宿命論，既不可因生命數字中動聽的評論而沾沾自喜，不求上進；也不可因較為刺耳的語言而灰心喪氣，要知道每個人都有缺點，人無完人。正確的心態是透過生命數字這面鏡子認清自己，接受自己的優點和缺點，積極對待自己的正面與負面能量。透過自己的努力，不斷削減負能量，加強正能量。

你的生命數字中透露了什麼樣的資訊呢？趕快來測一測吧！生命數字密碼還你一個清晰的自己。

【自序】心中有數

在接觸占數學之前，我十幾年來一直把東方姓名學當作瞭解人性的探測器。漢字姓名有特定的計算方式，會形成組合數字和五行生剋，而這些剛好透露了人的性格以及命運趨勢。儘管東方姓名學與西方的各種命理方式有殊途同歸之處，但東方的神秘學結論性比較強，會給有些心理承受力太低的人造成諸多的擔心。不少人都在接觸命運之說的同時，都糾結於：「我的命運好還是不好？」「不好怎麼辦？」這些疑問對我來說都是難題，始終無解。

前幾年星座在國內大流行，因我當時在媒體工作，寫星座專欄就成了我的專職。就算我能把星座的特徵寫得妙趣橫生，可是星座論同樣有一種給人定型的感覺，我經常聽到讀者這樣說：我很不喜歡自己的星座，我是那個心眼特別小的星座……包括占星學也同樣，不少占星愛好者在學習的過程中越是迷茫：為什麼我越瞭解自己越覺得悲觀？我有這麼多的缺陷，可是如何改變呢？我想事業成功，可是似乎我沒有這個命……

在探索生命的過程中，我一度找不到出口。我熱愛的這些神秘學到底給人帶來什麼幫助呢？占卜預測難道僅僅是為了驗證準確率？還是給一個渴望生活順遂的人下一個或好或壞的定義？有句話叫「性格決定命運」，流傳了很多年，幾乎成為了真理。可是我始終有疑問，什麼樣的性格能決定好命運？為什麼有的人勤奮努力，是公認的「好性格」，可是依舊找不到出路？為什麼有的人缺點多，但偏偏走的是好運？這性格之論似乎站不住腳。而觀念同樣也在決定命運，一個人假如價值觀不正確的話，就會選擇錯誤，給自己造成諸多難題……可是錯誤的價值觀僅僅是環境與社會造成的嗎？它是否與天性有聯繫呢？我心裡有無數個「為什麼」等待解答。

直到遇到了希臘占數學，這些疑問和迷惑才逐漸一一解開。原來，我

們每個人都是獨一無二的，我們的人生就是由不完美組成的，所謂的缺陷是用來啟發我們的課題，而優勢才是需要發揚的重點；原來，每個人都有自己的生命藍圖，上面可以看到一生的使命與需要克服的陷阱；原來，我們根本不用改變自己，只需要認識和接納，在這個自我認知的過程中自然就有所「轉變」（這轉變確切地說是進步）。

占數學對我這個以探索人性為興趣的人來說，為我打開了一扇認識自我和幫助他人的大門。在印證和學習的過程中，我從對人性心理的好奇心，逐漸走上了心靈覺醒的道路。占數學就像一個支點，不但幫我重新認識了自己，更正了我以往看問題的角度，而且還使我逐步接觸到色彩、脈輪、水晶、九型人格、直覺力、靈性彩油等新時代靈性學科。其實，這些早在西方盛行過 N 多年的靈性學都與占數學觸類旁通。

從 2000 年開始，受到數字 2 的振動，我們已經進入了心靈層次發展的時代，每個靈魂都需要找到自己的位置，認識自我自然成了大家必修的一門功課。

這是門實用易懂的識人術，可以隨時運用到生活事業上，幫我們快速識別自己的人生路線。目前在國內，占數學對大家來說還算比較陌生，遠遠不如星座學說普及。我寫這本書的初衷，也是希望在國內推廣占數學，讓更多的人透過數字之道，啟發自我的進步和成長。

任何與命運相關的學說都是統計學和量比學，是靠觀察與統計得來的論證。占數的門派很多，單名稱就有很多種，如生命數字、數字學、靈數學、卡巴拉密數，這都與數字研究者們的個人經驗與成就有關。這本書我綜合了各門派的理論精華，加上我個人的一些洞察印證，如果能帶給大家一些啟發，也算是完成了我一個小小的使命。對我來說，探索數字的路還很長，每天都有新的感悟和發現，這本書也許有遺憾之處，算是拋磚引玉之作吧！

非常感激那些我認識的和不認識的朋友們，因為有你們提供的生日資訊，因為有你們的信任交流，我才有統計鑽研數字的機會，感恩！

【目錄】
contents

第四章─生日九宮圖：個人命盤

第五章─限制數：童年習氣落下的病根

第六章—細說數字流年

第七章—吸引數字能量法

CHAPTER 1
中西相通的數字之道

＊ ＊ ＊ ＊ ＊

1997 年美國華盛頓的一位記者麥克·卓斯寧（Micheal Drosnin）寫了一部驚天動地的書《聖經密碼》。之前，卓斯寧用了五年的時間研究十三世紀猶太人留下的著作《聖經》，利用電腦分析解構聖經文字並將之轉換成數字後，他發現了暗藏在數字中的世紀預言。卓斯寧這本書多年來一直是西方知識界爭議質疑的焦點。數字真的有玄機嗎？

占數學在西元前六世紀誕生在古希臘，研究數字奧秘的鼻祖是史上一位數學天才——古希臘數學家畢達哥拉斯。畢達哥拉斯不僅是勾股定律的發現者，同時也是位影響深遠的哲學思想家。「數是萬物的本質」、「數字支配宇宙」是畢達哥拉斯最早提出的哲學概念。畢達哥拉斯認為，不論物質世界還是精神世界，都離不開數字，萬物的背後都有數字法則在起作用。

在古希臘，人們始終在對「宇宙的本源」進行著執著的探索，畢達哥拉斯發現人的一生有規律可循，並與宇宙有著直接的共振關係。他從數字中找到依據，提出了 1 ～ 9 數字的基本含意，將數字分為奇數和偶數（1、3、5、7、9 為奇數，2、4、6、8 為偶數）。畢達哥拉斯並沒有留下任何關於占數學的著作。雖然他創立了畢氏數字玄學派，但因當時的宗教紛爭，畢達哥拉斯只是私下向他的學生秘傳數字天機，靠的是口頭相傳。

根據資料記載，希臘哲學家柏拉圖繼承了畢氏數字理論成果，並創建了柏拉圖獨有的思想流派。柏拉圖認為「人的一切知識都是由天賦而來」，這與受畢達哥拉斯的數字論的影響分不開。占數學在英國、美國等發達國家相當普及，數字研究者們將數字能量運用到了人生啟

發與精神提升等領域。

　　這本書所介紹的占數學，是在畢氏數字理論的基礎上進行演變發揚，並由後來的數字神秘學家融入了猶太人的卡巴拉教等數字論，形成的一套完整的數字應用體系。

　　不論東方、西方，關於數字含意的解釋都有一定的相通之處，並且兩者在研究結論上有著驚人的吻合，這也印證了「宇宙支配數字」這一說法。

　　Numerology 這個英文單字直譯過來是命理學，針對的就是「數字命理」。在西方很多國家，數字命理學與我國的易經有著相同的地位和說服力。數字與占星術、塔羅牌做為西洋占卜符號學，早已在民間流傳了幾千年，而這三種演算方式相互之間也有著密切的關聯。

行星與數字

占星學是透過觀測宇宙天體運行來預測解析人類命運的占卜方法，它包含了神話、天文學、數學、數字學、哲學、預言等形式的存在。

占星學中有十一大星體，太陽、月亮、地球、水星、金星、火星、木星、土星、天王星、海王星、冥王星，每一個星體都代表了不同的人類性格特質，並有一個與其相關的數字，而這些星體展現的含意，正對應了相關數字的本質。

數字 1——太陽：太陽是所有星體中最亮的一個，屬陽性的力量，並具有冒險精神與開創的魄力。

數字 2——月亮：月亮星座屬陰性層面，與母親的影響有直接的關係，其中也包括對情感的選擇標準和人際關係的協調。

數字 3——木星：木星象徵幸運點，是一顆崇尚積極樂觀的星體。木星和推理有關，因此木星也代表了法律、文化、歷史、哲學等事物。

數字 4——地球：地球是十大行星中最為穩重的一顆行星，務實，勤奮，腳踏實地。

數字 5——水星：水星具有心思敏捷的特徵，以輕鬆的態度處事，非常注重細節，喜歡玩猜謎遊戲，復原能力也相當好。

數字 6——金星：金星無論在感官或精神層面，只要是美麗的事物，他們都會愛不釋手。在神話裡，主宰金星的神話人物維納斯代表「愛」。

數字 7——海王星：海王星充滿幻想，散發出令人難以抗拒的神秘感，有流浪作風，好思考。

數字 8——土星：土星擁有強烈的個人價值觀，同時也拜土星的統馭力量之賜，能夠發揮強勢的權威感。

數字 9——火星：火星主宰的具有積極、冒險、熱愛成功，以及鍥而不捨的特質，是理想主義代表。

數字 11——天王星：天王星運行軌道的不規則，也意味著不按正規行事，釋放出自發、衝動的能量。

數字 22——冥王星：冥王星被視為冥府之王的化身，同時也是人類的黑暗面——金錢、力量和性慾的象徵。

宮位與數字

在星相圖中，圓被分成了 12 個區間，即 12 宮位。不同的宮位代表一個人不同的生活領域，同時反映出各個不同的心理層面。12 宮位的對應數字也就是星座的排行代碼，其中代表含意也與數字意義相同。

第 1 宮	牡羊座的位置，代表誕生和自我意識。
第 2 宮	金牛座的位置，代表物質和資源。
第 3 宮	雙子座的位置，代表學習與溝通力。
第 4 宮	巨蟹座的位置，代表情感與家庭。
第 5 宮	獅子座的位置，代表快樂與創作。
第 6 宮	處女座的位置，代表服務與奉獻。
第 7 宮	天秤座的位置，代表合作與婚姻。
第 8 宮	天蠍座的位置，代表再生和繼承。
第 9 宮	射手座的位置，代表對宗教哲學的追求。
第 10 宮	魔羯座的位置，代表自我實現。
第 11 宮	水瓶座的位置，代表理想與社會觀。
第 12 宮	雙魚座的位置，代表潛意識與超越自我。

塔羅與數字

　　西方的塔羅師同樣也是精通占數的人，儘管兩種演算方式有所不同，但又有著密切的關聯。塔羅牌一共由 22 張牌組成，其中分為大阿卡那牌和小阿卡那牌，每張牌都有對應的數字。塔羅師在解讀牌意的時候會結合數字意義，能為預測分析增加精準度。

數字 1	魔術師	**數字 12**	吊人
數字 2	女祭司	**數字 13**	死神
數字 3	皇后	**數字 14**	節制
數字 4	皇帝	**數字 15**	魔鬼
數字 5	教皇	**數字 16**	塔
數字 6	戀人	**數字 17**	星星
數字 7	戰車	**數字 18**	月亮
數字 8	正義	**數字 19**	太陽
數字 9	隱士	**數字 20**	審判
數字 10	命運之輪	**數字 21**	世界
數字 11	力量	**數字 0**	愚者

五行與數字

　　我國的《易經》是人類自然科學與自然哲學的頂尖之作，「易道廣大，無所不包」，其中數字也是易道之一。

　　八卦代表了早期中國的哲學思想，源於中國古代對基本的宇宙生成、相應日月的地球自轉（陰陽）關係、農業社會和人生哲學互相結合等觀念的認識。中國玄學保守派們認為外國人不懂陰陽學，其實希臘占數的理論與中國易數理論完全相同，只不過畢達格拉斯將數字分為奇和偶，而我們的祖先把數字分為了陰和陽。

　　數字 1～9，在《易經》中稱之為：陰陽兩儀，三寸三身，四梢四象，五行五臟，六合，七星，八卦，九宮。八卦代表八種基本物象：乾為天，坤為地，震為雷，巽為風，艮為山，兌為澤，坎為水，離為火，總稱為經卦。由八個經卦中的兩個為一組的排列，則構成六十四卦。這八組基本符號也與數字有對應，1乾、2兌、3離、4震、5巽、6坎、7艮、8坤。其中沒有 9 這個數，在易學理論中，9 不是具體的數字，而是判別數字陰陽屬性的符號。

　　五行意味著物質的運行與生剋規律，金木水火土，為天地萬物之宗。而五行所對應的數字便是 1、2 為木，3、4 為火，5、6 為土，7、8 為金，9、0 為水。五行再分陰陽，1、3、5、7、9 為陽，2、4、6、8、0 為陰，一共 10 個數字，即自然數。每個數字的特徵含意幾乎可以說與希臘占數學吻合。

數字 1 與陽木

在中國五行裡數字 1 為陽木，可比喻為參天大樹。大樹挺拔充滿力量，枝葉茂盛，紮根大地，風雨無懼，寓意為頂天立地棟樑之材。陽木透露出的資訊為秉性正直，有擔當力，不屈不撓，自發性強，即使無人灌溉，依舊可以憑大自然的優劣環境頑強生長。同時陽木的負面能量也展現在了自傲、僵硬、過硬易折上。

陽木性情的人在生活中可發揮領袖能量，具有膽識和決策力，剛直仁德，呵護弱者，常以強者的姿態出現。但陽木的個性裡存在自私的意味，以自我為中心，遇事不通融，唯我獨尊，愛聽奉承，好批判，目空一切。所以很多具備陽木特徵的人，假如無法發揮自身的長處，而去放大短處的話，容易變成孤軍奮戰的情況。

數字 2 與陰木

2 是偶數，屬陰，在五行叫陰木。陽木是大樹，陰木就是小草花卉。花花草草不如大樹生命力強壯，需要有人精心呵護和照料。美麗的花草沒有水會枯萎，有了蟲會生病，風大了會被颳倒，還怕烈日曬到枯萎了，它們很脆弱。可是小花小草假如被照料得很好，它們就會很美，給人帶來愉悅。如果對它們缺乏耐心、置之不理，或者很粗暴對待它們的話，花草也就會凋謝了。

陰木 2 非常脆弱，如花草一樣需要依附於強大的力量，「大樹下面好乘涼」，形容 2 這個數字是再貼切不過了。具備陰木特徵的人，無論男女都有偏女性化的氣質，愛美麗，敏感多慮，擅長察言觀色，對周遭的風雨變化太過意。陰木一旦缺少了庇護的大樹，難免伸展

不開，膽小怕事，無主見，一旦遇到困難和挫折，便怨天尤人，委曲求全。

數字 3 與陽火

陽火 3 就是一團熊熊烈火，在燃燒中隨時要迸發出火和熱來，陽火的熱量像是生命之火，能給周遭帶來光明。火焰來得快去得快，陽火 3 也同樣，一旦對什麼事物有了興趣，就恨不能立即投入到裡面去，那種高漲的興趣和熱情就如火般猛烈，但實在沒什麼長性，轉眼就灰飛煙滅。

論機敏和聰明度的話，其他陰陽五行都無法與陽火相比。陽火人只要來了興趣，對任何知識都能快速地吸收，只不過無法深入進去，這與明火的焦躁特徵有關。長期如此短平快的學習方式，導致陽火 3 浮華不實，無所不知可又事事難通。

陽火人樂觀有趣，外向健談，能永遠保持孩子般的好奇心。他們神經有些大條，這與陰木 2 人剛好相反，陽火不太敏感，心胸也比較寬，當然脾氣暴躁，很難壓抑情緒，能肆無忌憚地任性要賴。陽火人在乎別人是否把他們當作關注的焦點，為了引人注目，陽火 3 最擅長如何誇張行事，廢話太多，太過張揚，所以也給人不可靠的感覺。

數字 4 與陰火

所有呈現屬陰特質的五行都是「收斂型」人，陰火也同樣。陰火是火燭之光，熱量微弱，但實用可靠，你從不用擔心這種小火苗會傷到手，尤其在黑暗的夜裡，有一盞燭燈為你照亮，能讓人安全前行。

陰火人的性格是謹慎的、緩慢的、靜默的，溫和而有耐心，做事講究穩當周全，深思熟慮，所以也會給人保守精明的印象。陰火人重視實際收穫，很難去做虛浮之事，畢竟那些沒什麼實用價值；但也因為過度衡量危機與得失，會讓陰火人顯得壓抑，精明愛計較。尤其是遇到難題時，陰火人不愛外露、自行承擔的特點，會有自己跟自己較真的壓抑感。燭燈最怕的不是失去引燃的燈芯，而是總擔心油會耗盡，這就像陰火人總是把精力集中在物質得失上，其實，安全感都來自於自己的心。

數字 5 與陽土

陽土屬於大地高山之土，代表堅實的力量，用途廣泛，既可成山成石，也可以用來築建房屋為人遮風擋雨。因此，陽土的可塑型非常強，有多方面的才華和能力，並具備良好的適應能力。

陽土人的求知慾很強，心靈手巧，對只要有興趣的東西，都能盡快掌握，並且具備一定的領導力。陽火的領導力表現在號召開創的能量上，而陽土則運用在實幹方面。比如同做一事，陽土人會一切親力親為，還不放心交給別人，一定要做出色才甘休，這樣一來，自然會被眾人佩服。但陽土也是塊死硬的石頭，性情相當頑固，內心又清高，很抵觸別人的說服建議，但又愛強加給別人自己的邏輯。所以陽土是孤獨的，忽而談笑風生，是人群中的焦點，忽而默默不語，喜歡一個人獨處，讓人捉摸不定。

數字 6 與陰土

陰土算是花園中的土，與小家小業有一定的關係。花園土遠遠不如大地土堅硬，土質要蓬鬆細軟很多，當鮮花盛開的時候，陰土有不可忽視的功勞。

陰土人性情溫和，斯文重禮節，助人為樂，最突出的一個特點是愛家、孝順，他們一切的動力都來自對家庭的責任，為父母，為愛人，為孩子。強烈的責任感會讓陰土人做事比較實際，用人之道很明確，所以禮尚往來是陰土人的強項，不懂拒絕別人更是陰土人的一大困擾。我們看到心軟的人都會當作是一個人善良的表現，但假如出發點是要面子或為了討好別人，「心軟」也會成為一種虛偽的舉動。陰土人就有此「曖昧」的特點，態度不明確，隨意接收和釋放同情心或愛意，就如同土摻了水，就成了和稀泥。

數字 7 與陽金

陽金如剛，堅不可摧，是鑄造高樓大廈的大材。陽金的硬度決定了它有支柱的作用，也代表著果敢與剛直。與好強好勝的陽木相比，陽金 7 的強烈根在骨子裡，如果不是自己願意做些改變，外界任何力量都無法折斷這根鋼筋。

陽金人有藝能才華，不流俗，正直愛說真話，愛恨分明，立場堅定，有幽默感，愛思考。但這類人完全以興趣決定一切，從不考慮現實問題。例如，假如有一大筆錢唾手可得，陽金人要看是否樂意去拿，若需要用尊嚴去換取，他們寧可放棄。陽金人的脾氣又臭又硬，清高自負，在處世上不夠圓通，難免會因性直不低頭而錯失良機。

想得太複雜也是陽金人的一大特點，他們只相信自己的判斷，愛支配他人的思想，這也會造成主觀不通融的問題。假如一意孤行，固執己見，摔的跟頭只多不少。

數字 8 與陰金

陰金是黃金，與陽金相比有一定的柔韌度，且內斂深知自身價值。是金子總要發光，而黃金的成色也是外界對它做價值判斷的標準，所以通常陰金的人很在乎外在的標準。

學習能力超強的陰金都是好學上進之人，很懂得知識就是力量，尤其在語言和藝術方面才華出眾，經常被誇獎讚美為聰明人。陰金人有強烈的虛榮心，看重面子和自我形象，這幾乎成了此類人的動力。為了處處建立優越感，陰金人喜歡維護表面的風度與素養，而逐漸形成壓抑陰暗面的習慣，一旦積壓過多不滿，反而會傷人。

陰金人的脾氣雖然依舊有「金」的倔強，但這種頑固隱藏得比較深，不會輕易顯露，但一旦與人探討理論，就會釋放出那種「我是真理」的主觀意識，給人感覺自命不凡。陰金人只對值得佩服的人友好俠義，而對愚鈍或無才的人常常流露出挑剔和不屑，有完美主義傾向，這同樣會給人際帶來不利。

雖然金子有一定的價值，屬於貴金屬，可是如果陰金人能意識到這世界上還有更昂貴的鑽石，就會明瞭自知之明的重要。

數字 9 與陽水

陽水是大海江河之水，洶湧開闊，不拘小節，有膽識，能納百川。

水代表出色的智慧，陽水人都非等閒之輩，具備謀略，判斷力出色，做事有志，知識面廣，故能成大器。

9 這個數字在西方占數學中，同時綜合了前 8 個數的能量，特徵有 1～8 的綜合意味。而陽水也同樣，陽木的超強的自我心，陰木的多慮好分析，陽火的口快愛辯，陰火的精明務實，陽土的適應能力，陰土的多情，陽金的耿直狂妄，陰金的自視過高，如此看來，陽水整個就是陰陽五行的綜合體。

陽水人喜歡思考想像，注意力經常會被某一個細節帶到幻想的空間，哪怕是眼前飛過一隻鳥，都能把陽水人帶進情緒的變化當中。所以在中國數字中，陽水數 9 是凶數，與意外不幸相關，意外大多出於偶然事件，這多少與精神不容易集中有關。

數字 0 與陰水

與陽水不同，陰水屬於涓涓小溪之水，輕柔靈巧，能滋潤花草。陰水屬柔和水性，無論與哪個數字搭配都會形成一種融化剛性或提升負面的局面。如 10 比 11、21、31、41 多了隱藏與感性，少了好強霸道之氣；20 比 2、12、22、32 更為敏感，也加強了悲觀情緒；30 不如 3、13、33、43 外露急躁，但也多了些許幼稚頑固的性情。與西方占數同一道理，陰水 0 的任務就是稀釋或凝固某個五行的力量。

CHAPTER 2
生命數字的奧秘

＊　＊　＊　＊　＊

畢達哥拉斯將數字分為 1 ～ 9 種能量，每一個數字都肩負著它的使命和重任，當這些數字出現在我們的生日裡時，它透露出屬於你個人的生命資訊。

我們的名字可以隨意改變，但唯獨生日無法重新改寫，生日數字就如同人的基因密碼，記錄傳遞著身、心、靈多方位的先天與後天特質。

透過數字去看萬物的真相，能幫助我們瞭解自身的真實需要：你是什麼樣的人？你有什麼樣的性格？你做事的方式是什麼？你需要克服什麼弱點？你的天賦是什麼？你的缺陷是什麼？生日數字都能一目了然。同時也可以幫助我們理解身邊的人：他為什麼這樣，她怎麼會那樣……我們不能要求和控制別人，畢竟，每個人的生命旅程大不相同，所以，我們所能做到理解別人的唯一的辦法，就是——瞭解他人。

我們對於數字必須先有一個基本的認識：數字沒有好壞之分，任何一個數字都不完美，都有著突出的正負兩面性。奇與偶，有界與無界，善與惡，左與右，一與眾，雄與雌，直與曲，正方與長方，亮與暗，動與靜——畢達哥拉斯最早提出了整個宇宙的十個對立概念。世界本身就是由相互矛盾的事物組合而成，數字也同樣在遵循這一法則。

熟悉每個數字的含意非常重要，做為初學者，最好能將每個數字的基本意義印在腦海裡。占數學的計算方式非常多，但瞭解 1 ～ 9 的基本數字含意，是進行各種運算的基礎。其中另有大數字 11、22、33 具有雙重含意（複合數），也叫卓越數，它們既要參照自己包含的兩個數字的含意，也可單獨解讀。0 是一個特殊數，似有似無，但它獨立含意也很深遠。

如何快速計算屬於你的數字

當你看到一個人的生日，想從年月日快速瞭解這個人的大致特點，有三方面的因素來做參考：

1. 生日數

生日數代表天性所帶來的人格特質與行為表現，透露著你的性格、思考方式。可以說，僅從生日數就可以判斷出你給別人的外在印象。

生日數能量貫穿我們的整個人生，尤其在成年階段，是最能展現你特色的個人標籤。

計算方式

這是出生年月日中最簡單的一個數字，你是幾號生？不用去看年份和月份，只看出生日期，舉個例子：1984 年 2 月 5 日，5 就是生日數。

在數字計算中，某個數字一旦大於 9，就必須用加法簡化到個位。例如，18 日生，18 這個數需依次相加簡化到個位，1+8=9，18 日的生日數就是 9。任何生日中出現的兩位數，都需要單數相加簡化到一位。這也包括 10 日、20 日、30 日，1+0=1，2+0=2，3+0=3，生日數全部為單數。

另外，在數字中要時刻牢記三個複合數字：11、22、33，這叫

大數字,統稱為卓越數。當遇到生日數相加出現 11、22 的時候,需要衡量兩個數字特質。舉例說明,某人 29 日生,生日數應計算為 2+9=11,這個數字 11 可以單獨算作 11 數,也可以參考數字 2 的特徵(1+1=2),這是具備雙重能量的特殊數字。

2. 命運數(命數)

人生中總有諸多難題等著我們去攻克,這是每個成年人都需要面對的課題。但每個人各有不同的使命,不同的方向,不同的力量,這就需要用命數來識別「我將要成為什麼樣的人」。假如把人生比成一場戲的話,命數就是你將要扮演的角色定位,人生的成或敗都與命數所帶來的人生體驗有密切的聯繫。

命數具備你的成長趨勢與價值傾向,它是你生命的目標。瞭解屬於你的命數,可以幫你弄清楚自己人生角色的側重點與努力的方向。

計算方式

先將你的出生年月日寫下來,然後分別個位相加簡化到個位數。

例 1:小 A 是 1976 年 7 月 6 日生人

計算公式:1+9+7+6+7+6=36

36 這個數字為天賦數(後面章節有介紹),將 36 繼續相加簡化 3+6=9,

數字 9 就是小 A 的命運數。

例 2:小 B 是 1993 年 12 月 25 日生人

計算公式:1+9+9+3+1+2+2+5=32=3+2=5

小 B 的命數就是 5。

例 3：小 C 是 1984 年 10 月 29 日生人

計算公式：1+9+8+4+1+0+2+9=34=3+4=7

小 C 的命數就是 7，其中 10 月同樣 1+0 個位相加，或者遇到 10、20、30 這樣的數字，可直接去掉 0。

例 4：小 D 是 1973 年 4 月 5 日生人

計算公式：1+9+7+3+4+5=29=2+9=11

小 D 的命數是 11。當最後相加出現 11、22、33 這樣的卓越數時，不必繼續相加到個位，卓越數具備雙重影響，是 1 ～ 9 基本數字之外的另解數字。

✡ **小提示：**

　　命數的計算方式很簡單，只要每個單數相加簡化到最後的個位數字。接觸生日多了，自然就會很熟練。不過最好剛開始計算時多做點練習，把全家人的生日都拿來計算一次。建議不要年、月、日單獨相加，最後再組合在一起，這樣很容易亂中出錯。

3. 頻率最多數

　　在我們的出生年月日當中，每個數字都具備能量，它們各司其職影響著一個人的人格，使它常常具備一定的多面性。當生日中某個數字出現頻率比較多的時候，這個數字的能量振動會給你帶來突出的影響。

如：小 E 的生日是 1981 年 11 月 2 日，其中出現了 4 個 1，儘管小 E 的命數為 5，生日數為 2，但因生日裡 1 出現頻率過多，那這個 1 的能量就會對他有很強的作用，他同樣具備 1 的明顯性格特徵。

再舉個例子，小 F 是 1999 年 9 月 9 日出生，命數 1，生日數 9，生日中出現了 5 個 9。這樣的生日很特別，幾乎全部為 9，那麼小 F 的性格特徵可以說是典型的 9。

不是所有人的生日都會如此明顯地出現頻率最多數，但假如生日中某個數字出現頻率大於兩個的時候，分析時就要參考此數的能量。出現的重複數字越多，這一數字的負面特徵就會越強，這些就會是在人在學習過程當中需要面對的人生障礙。

☆ 小提示：

透過生日數、命數和出現頻率最多數字，可以直接判斷「屬於我的特徵」，這樣就能對自己有一個初步的瞭解。

相臨的數字之間有很明顯的對立面，這是奇數與偶數的相反特質。很多人擁有這樣的數字特徵，如命數 1，生日數 2（或者生日中 2 出現頻率過多），那麼這樣的人既有獨立自我的一面，同時也習慣依賴善於配合，這樣的人人格有很明顯的雙重性，需要在兩種能量中找到平衡。

假如三方面同時出現了相同的數字，如有的人生日數為 3，命數為 3，生日中出現最多數字為 3，這樣的人就是非常突出的數字 3 類型的人，優勢和不足都比較明顯。

在瞭解數字之前，需要非常清醒地意識到，人人都是矛盾體，存在虛與實兩種狀態。數字僅僅是將「實」的部分總結給你，至於如何去理解，就要看你的心態是積極還是消極了。

圖解 1～9 原始意義

創始數——1

象徵符號	太陽
屬性	行動智商型
對應色彩	紅色
五行	陽木
星座排行	牡羊、摩羯

　　阿拉伯數字從形態上看與數字本質十分統一，這也是符號學中所說的「意義顯現」。1這個數字，就像一個人，挺拔筆直地站立在那裡，具有頑強的生命力，但看起來又是孤傲僵硬，無柔韌度。

　　1是數字的本源，是生命的種子，它象徵著啟動創始，萬事的開端。在《聖經》中，上帝創造了第一個人類亞當，即男人。1有著強大的陽性力量（奇數），是父親的代表。因此，1不僅是數字之首，更是數字法則的基礎，做為初始數字可衍生後面的數字，其他數字都是因它而生。

正面優勢：

　　自我，獨立，勇敢，力量，創造性，號召力，果斷，原創性，獨特，進取，樂觀，可信任，創意。

負面挑戰：

　　說教，偏執，自私，衝動，傲慢自大，咄咄逼人，吹牛，冷酷，苛求，虛榮，居高臨下，強硬，攀比，嫉妒。

恐懼：

　　傷自尊，不被重視，做配角，不如別人。

象徵符號	八卦圖
屬性	感覺心智型
對應色彩	橙色
五行	陰木
星座排行	金牛

2這個數字的形態就如玉樹臨風的數字1彎下了腰，變柔軟了，並有屈膝之意。

上帝創造了亞當之後，又從他身上取下一根肋骨創造了一個女性夏娃。兩人最初的相處並無性別之分，互相之間總有爭執。於是，上帝給了亞當健壯的肌肉和鬍鬚，同時也給了夏娃似水柔性，這樣才使得兩人的日子得到平衡。

2就是1的原始力量的進化，是播種之後的孕育期，代表女性氣質（偶數），陰柔依賴，有著母性的力量。

2是一個兩極分化的數字，具備雙重波動性，陰與陽、男與女、黑與白、真與假，表現出數字1的相反作用力。

正面優勢

藝術感，耐心，寬容，善於分析，直覺力強，美感出色，配合協調，可靠，安靜，平和，善解人意，優雅。

負面挑戰

依附，左右不定，無主見，過度敏感，軟弱，善於討好獻媚，頑固，抱怨，愚昧，沮喪，利用他人，缺乏獨立性。

恐懼

獨處，做決定，無依靠。

表達數——3

象徵符號	三角形
屬性	靈巧聰慧型
對應色彩	黃色
五行	陽火
星座排行	雙子、雙魚

數字 3 在形態上是個多方位的「可愛數」，把 3 側翻過去就是英文字母 E，躺下又像是 W，趴下看又成了 M，這是阿拉伯數字裡最有趣的一個數。

3 代表關係，黑與白無法直接關聯，陰和陽必須同時存在，關係的建立是第三種力量。1 是父親，2 是母親，而 3 就是它們的「孩子」。

在基督教中，3 是聖父、聖子和聖靈的綜合體，即男性驅動力＋兒童狀態＋靈性結合三位一體數。這是一個樂觀機敏的數字，具有旺盛的好奇心，樂觀善於表達，具備孩子般的純真與多變性。

正面優勢

聰明，熱情，想像力豐富，有創意，幽默感，充滿活力，善於表達，時尚，擅社交，多才多藝，有趣，樂觀，有熱情，受歡迎。

負面挑戰

誇張，做作，缺乏方向，自我懷疑，搬弄是非，幼稚，逃避現實，膚淺，虛榮，喋喋不休，撒謊，鋪張浪費。

恐懼

被限制，無聊，面對現實，不被關注。

執行數——4

象徵符號	四方形
屬性	計算智商型
對應色彩	綠色
五行	陰火
星座排行	巨蟹

4 這個數字在形態上就像一把三角量尺，代表精算，中規中矩，同時每一筆都是直挺的，見稜見角，象徵著死板，不知變通。

四季分春、夏、秋、冬，方向分東、南、西、北，物質存在的四元素分為火、水、風、地，數字 4 代表了完整的秩序。數字 4 的物質平面結構就像一個正方盒子，堅固、完善、安全。

數字本質都帶有原始的意義，1 和 2 的結合創造了 3，當組合成一個家庭時，就要靠數字 4 來穩定生存的基本「安全」，4 的任務就是實現和顯化。

正面優勢

實際，組織力，可靠，實幹，誠懇，有勇氣，任勞任怨，未雨綢繆，穩重，做事認真，堅定，忠實，邏輯分明。

負面挑戰

過於謹慎，約束，拒絕改變，自我保護，挑剔，嫉妒心，吝嗇，心胸狹窄，缺乏想像力，說教，不變通，無趣乏味。

恐懼

變化，不穩定，生活危機。

自由數——5

象徵符號	五角星
屬性	多才心智型
對應色彩	藍色
五行	陽土
星座排行	獅子

　　數字 5 從外型看就如張著大口喊叫的小孩，寫起來有龍飛鳳舞的感覺，完全不受約束的一個數字。

　　5 象徵著變革和自由，大膽而顛覆傳統，同時也不可預測。畢達哥拉斯派將 5 視做最神聖的宇宙數字，是融合了 2 和 3 的法則。5 的誕生也代表著突破數字 4 的諸多限制，從衣食安全上升為尋找心的方向。

　　很多國家的國旗都是以五角星為主題的，其中我們最熟悉的就是中國國旗和美國國旗。星星之火可以燎原，數字 5 的革命意味很強。因為，對人來說，先有自由才能去談幸福人生，而為了自由，就要先革自己的命。

正面優勢

　　勇於冒險，博學多才，反傳統，勇於顛覆，適應環境，堅持自我，智慧，充滿活力，探索心，獨創性強，視野寬，幽默感。

負面挑戰

　　煩躁不安，無常，愛拖延，惰性，華而不實，頑固，散漫無序，缺乏恆心，情緒化，愛嘲諷，精力不集中，狡猾，浪費，不可靠。

恐懼

　　承諾，壓力，承擔責任，一成不變。

象徵符號	六芒星
屬性	直覺聰慧型
對應色彩	靛藍色
五行	陰土
星座排行	處女

數字 6 在形態上很像一個懷孕的婦女，挺著大肚子極具母愛。6 也代表孕育，有母性的包容力。

六芒星被猶太人理解為「神」（上帝）和女性完全結合的神聖象徵。而 6 在數字含意中同樣有陰柔的特徵，象徵培養、關懷、和諧、奉獻，意味著需要穩定和紮實的家庭基礎。

6 針對的意義還有重視親情，對愛的需求更為強烈。同時這個數字也代表治療和藝術理解力。

正面優勢

可信，忠實，愛和平，有同情心，可以承擔，助人，親和體貼，治療他人，公正，奉獻精神，榮譽感強，有擔當，負責，直覺力，美的鑑賞。

負面挑戰

焦慮，挑剔，苛刻，自憐，保守封閉，得失心重，盲目付出，施加壓力，自私，多管閒事，沉悶，嘴碎，自以為是。

恐懼

承諾後的兌現，付出無回報，缺乏價值。

幸運數──7

象徵符號	彩虹
屬性	研究智能型
對應色彩	紫色
五行	陽金
星座排行	天秤

數字7是個相當特殊的神奇數字，僅從7的形態就能想像出無數的奧妙都與它相關。7就像一個大問號，也更像一個魔杖──代表質疑和神秘。

一個星期有7天，北斗有7星，彩虹有赤、橙、黃、綠、青、靛、紫7個顏色，音階由7個音符組成，人體有7個脈輪，佛家有7根智慧柱……與數字7相關的定律舉不勝舉。耶穌的生日是25號（7），所以7在西方被稱為上帝之數。

數字記號學中的7與色彩符號學中的紫色極為相似，它們的共性是神秘，皆被宗教青睞。數字7象徵著人的內在需要尋找深度意義和精神聯繫，是善於挖掘事物真相之數。

數字7同時也代表著人與神之間的神秘聯繫，全世界都將7看作幸運數字。

正面優勢

精密分析力，神秘，博學，安靜，有深度，求知慾強，尋找真理，內省，自學成材，智慧，直覺力，內省，藝術氣質，哲學意味，幸運。

負面挑戰

自負，疑心重，孤僻，偏激，冷漠，過剛，與人保持距離，奸詐，挑剔，重視陰暗面，缺乏同情心，剛愎自用。

恐懼

犯錯，無知，被欺騙。

因果數——8

象徵符號	無限符號
屬性	商業心智型
對應色彩	金色
五行	陰金
星座排行	天蠍

在數字形態上，8是唯一沒有「出口」的數字，看起來就十分有彈性，就像一條四通八達的道路，伸展開來是暢通無阻的光明大道，撓起來又成了複雜的十字路。8的外形也是數學中的無限符號，代表著無數的可能性。

數字8在我國民間是象徵財富的符號，諧音同發財的「發」。在數字中8有同樣的意義，與財富權力有所關聯。8象徵著統治、控制和成就，它是行政決策數。

數字8另有個奇特的效應，就是因果關係，表示種下什麼樣的因，得到什麼樣的果。

正面優勢

領導力，果斷，勇敢，專注，有魄力，能屈能伸，智謀出色，商業頭腦，成功，洞察力，有雄心，創造財富，援助他人。

負面挑戰

愛操縱，易怒，急於成功，好權力，虛榮，世俗，勢利眼，投機取巧，濫用職權，唯利是圖，攀比，賭性，天災。

恐懼

失去威望，被人憐憫，平庸，失敗，貧窮。

大愛數──9

象徵符號	萬花筒
屬性	心靈聰慧型
對應色彩	白色
五行	陽水
星座排行	射手

數字 9 的形態非常有趣，像是一個頭重腳輕的人，微微低著頭沉思。這非常形象，因為數字 9 的特徵之一就是發達的想像力。

9 這個數字很特別，9 加任何數字都會還原。例如，9 乘以任何數還是 9；3+9=12，1+2 還是等於 3；3×9=27，2+7 還是等於 9。9 代表著結束、最高以及生命的輪迴，將數字 1～8 依次加在一起，1+2+3+4+5+6+7+8=36，而 3+6 的答案還是 9。

這是唯一用神秘方式工作的數字，從 1～9 涵蓋了「9」種原型的人格領域，結合在一起之後會有無盡的變化。就像三種基本原色卻可組成宇宙間許許多多的顏色一樣，由這「9」種原型人格亦能造就出各種獨具特性的唯一人格。

6 與 9 同屬愛的數字，不同的是，6 的圓滿在下，是家庭與社區範圍，是小愛之數，而 9 的圓滿在上，象徵著一種普遍的哲學意識。它具備最高的精神層次，與大愛、心靈提升、宗教信仰都有很大的關聯。

正面優勢

智慧，博愛，高尚，付出愛心，熱心公益，慈悲，利人，靈性，懂得愛，激勵別人，正義感，想像力豐富，慷慨，人道主義，浪漫，誠懇。

負面挑戰

惰性，妄想，不拒絕，消極，不利己，迷信，愛心氾濫，拯救慾過強，情緒沮喪，情感軟弱，自我貶低，不現實。

恐懼

任何形式的限制，幻想破滅，希望落空。

空無數——0

象徵符號	無
屬性	無
對應色彩	透明
五行	陰水
星座排行	無

0 這個數字並不在數字範圍之內，但它又很明確地存在著。0 是意味深長的一個數字，它既代表上天賜予的原始能量，同時也有增加或減少數字力量的作用。

印度哲學思想家奧修對「空」的意義進行過注解，把這段話當作 0 數的含意倒是非常貼切：「這個『空』並非什麼都沒有，它是所有的一切，它包含著所有的可能性。它是潛力，絕對的潛能，只是它尚未顯現出來，但是它包含著一切……而我們的整個旅程就是由空無到空無。」

卓越數——11、22、33

在占數中，11、22、33 是複合數字，有著特殊的意義，被稱為大師數字或卓越數。因其具備雙重含意，在瞭解該數字的特徵時，需要參考兩個數字能量，如 11，既有 1 的能量也有 2 的能量（1+1=2），22 既有 2 的能量也具備 4 的能量（2+2=4），33 既有 3 的能量也具備 6 的能量（3+3=6）。

當卓越數主宰人的性格時，此人的個性既會出現雙重傾向，同時也會具備更高層次的人生追求。

CHAPTER **3**
生日是隱形的嚮導

＊　＊　＊　＊　＊

　　占數學最實用的部分就是用出生年月日來解析我們的人生走向。命運給每個人都劃好了軌跡，按著這個軌跡我們開始了我們的人生旅程。當你走在路上，如果前面有兩條路讓你選擇，一條是山路，一條是水路，你必須對自己的體力、能力和天賦有一定瞭解，才能做出正確的選擇。例如，不擅長游泳的人一旦選擇了水路，就有可能陷入困境。

　　占數學就是一張生命藍圖，上面有路線，有方向，有你該走的路，也有不該你走的路，最終都是要通往屬於你個人的目的地。有了識別方向的能力和經驗，你的人生之路才會走得順利。

　　有個詞叫「逆天而行」，意思是「違背天意做事」，那麼放在數字上看的話，「逆天」就等於在違背你的天性。例如，有次某電視節目做了關於群眾演員（臨時演員）的專題，那些做著明星夢的人，大多都不具備演戲的才華，他們無論是外貌還是氣質，都與演員這個職業的要求相差甚遠。但他們拋家捨業，風餐露宿，完全不考慮自身的天賦和能力，信誓旦旦地把做明星當作自己的人生目標，一意孤行地堅持到底，這就是無自知之明。

　　學習數字之道要先從「自知之明」開始。有了自知，才可量力，才可以避免少走彎路。

　　我們的生日到底暗示了什麼樣的秘密呢？首先我們要搞清楚數字的定位，每一個數都有不同的計算方式、循環週期和任務。

　　1. 命運數——人生角色定位以及發展使命。

　　2. 先天生日數——年、月、日帶來的三個養成階段。

　　3. 天賦數——個人天賦潛能開發。

命運數──你的人生要走向哪裡

關於「生命的意義」，無數人都在苦苦追尋著它的答案。當遇到生活難題時，時常會有人提出「人為什麼活著」這樣的思考。但從生命的角度看，這是個虛無的命題，畢竟每個人的人生目標與方向都各不相同，無法有統一的答案。

生命的意義也在於尋找意義的過程，我們需要瞭解的不是「人為什麼活著」，而應該是「我為什麼活著」。想清楚地瞭解自己的生命方向，必須具備自我認知能力。假如無法確認「我要成為什麼人」，難免在理解自我上出現錯覺。就如有的人非常渴望出人頭地，期待能像香港富豪李嘉誠一樣獲得財富和地位，可是自身並不具備成功商人的特質，而盲目去追求力不能及之事，自然會遭遇挫折和打擊。

命運數（以下簡稱命數）所代表的就是「我」的生命意義，它是實現個人目標的學習方向，是宇宙賦予每個人的角色定位。同時命數也是你需要接納的人生課題，也許它包含的危機讓你感覺恐懼、想逃避，但無論如何又不得不臣服於它的指引，直到你能從容面對屬於自己的生命課題，才有可能最終實現你的天命。

命數是諸多生命密碼中最為廣泛應用的一種計算方式。因數字流派眾多，命數有不同的叫法，如生命數字、靈數、主命數，但不論如何稱呼，命數在數字體系中所佔的位置始終被放在首位。

命數由 1 ～ 9 個數字組成（11、22、33 為卓越數），每個數字都有從低層到高層的能量，優勢與劣勢共存，這同時也是一條完善自

我的途徑。

計算方式

將出生年月日依次相加到最後一位個位數。

例 1：生日 1988 年 5 月 9 日
公式：1+9+8+8+5+9=40=4+0=4（命數為 4）

例 2：生日 2010 年 2 月 18 日
公式：2+0+1+0+2+1+8=14=1+4=5（命數為 5）

例 3：生日 1982 年 4 月 5 日
公式：1+9+8+2+4+5=29=2+9=11（命數為 11）

當遇到 11、22、33 這樣的總和時，不要再繼續加到個位，卓越
數 11、22、33 屬於特殊能量數字，做為命數時有單獨的詮釋。

最簡單的命數計算方式就是每個數字依次相加，如果算術不太好
的話，可以找個計算機練習。要注意，有一種計算方式我不推
薦，就是分別將年月日單獨相加到個位，最後再把三個單數加在
一起。這樣不僅容易亂，而且也牽扯到天賦數的準確與否問題。

命數 1：不想當將軍的士兵不是好士兵

拿破崙的一句「不想當將軍的士兵不是好士兵」曾激發過無數胸懷大志之人，只是，這句鏗鏘有力的名言，其實並無法成為所有人的目標，畢竟將軍這一職位不是靠「想」就能得來的，更不是只要發憤圖強就能做到，而是需要「士兵」具有將軍的才幹和領導力。「不想當將軍的士兵不是好士兵」這句話最適合命數 1 的人，立此豪言壯語的拿破崙將軍就是命數 1（生於 1769 年 8 月 15 日）。

拿破崙從 16 歲入伍，30 歲成為法蘭西共和國第一執政，飛黃騰達的速度令人吃驚。在他執政期間，命數 1 的改革創新魄力也展現得非常突出，他對法蘭西的行政和法律體制進行了重大改革，並創建了《拿破崙法典》。他後來的失敗來自法蘭西帝國與大不列顛及愛爾蘭聯合王國的戰爭，這也印證了命數 1 的「創業容易守業難」。

拿破崙是個爭議很大的人物，有人稱他為戰神之神，也有人稱他為摧殘自由的暴君。大作家雨果對他的評價比較中肯：「人類命運中這個人物的重量過分，攪亂了平衡。在他個人的計算中，他比整個宇宙都要重要。人類的過剩精力都集中在他一個人的大腦中，一個人的頭腦要決定全世界的命運。人類文明要延續的話，這將是一個致命的弱點。」其實，這同時也是對命數 1 的負面因素的準確評價。

不管歷史上的拿破崙有怎樣的功過，至少命數 1 們天生就是領袖。這是使命，由不得你推辭和退縮。不論別人服不服你，至少你要先服自己。或許，你身邊有人會告訴你，平平淡淡過一生是最安穩的選擇，不要太出頭，槍打出頭鳥……等等，但這絕不是你想要的人生。你的霸氣，你的創造力，你的號召力，會驅使你逐漸成為王者。哪怕

你的「王國」很小，你都會成為領頭人和開拓者。

你無法接受走別人走過的路，你有理想，有信念，更有創造的慾望。你精力充沛，膽識過人，擁有強大的能量場，能隨時召來心甘情願輔佐在你左右的人。因此，除了實現自己的理想，你還肩負著帶領身邊的人共同發展的重任。

獨立

你必須面對一個事實——什麼都要靠自己。你也許感覺到，幾乎所有的事都必須由自己親自來完成，沒有人可以依靠。由於個性好強，不願意低下頭求人援助，你時常被孤立，不得不學會獨立自主，這樣一來反而能錘鍊你克服困難的勇氣。

自信

自信心會讓你做事胸有成竹，充滿力量。「我可以」這個詞必須由心而發。你首先要瞭解自己的長處，有自知之明，對不擅長的事不要盲目去說「我可以」。你只有做到相信自己，才能夠讓別人也相信你。

負責

你有開拓的能力，無論是單打獨鬥還是做群體的領導者，責任心會始終跟隨著你。一旦隨意說空話大話，做事虎頭蛇尾，這些不負責任的舉動，都會令你陷入喪失信任、不被人尊重的境地。

正義

正義感是你的本能，你見不得別人無助，你願意幫助弱者，面對不公平你勇於對抗。你的正義感來自明辨是非，對善惡的警覺，而不是出自居高臨下的審判。

胸懷

博大的胸懷也是有包容力的表現，你必須能容得下別人，包括比你強大的人和讓你看不起的人。海納百川，有容乃大，一個大度有氣量的人，才是真正的強者。

凝聚力

你有一種特殊的能量場，可以將眾人的眼光聚攏在你身上。凝聚力強是你的優勢，但假如太以自己為中心的話，凝聚力不但會失效，而且還會被孤立。

自大

你時常下意識地以「我」為中心，與人交談時，你也許從沒察覺過，「我」這個字你使用次數最多。你有一種奇怪的想法——「我和別人不一樣」，這是你心裡一直在強調的聲音。因為追求獨特性和與眾不同，追求創新，你自然就把自己和他人區別開。但這種想法會讓你目中無人，你希望他人崇拜你，順從你，覺得自己無所不能。

說教

「我」就是真理，「我」就是準則，一切由「我」說了算，這些自我意識會讓你總是有自己的一套大道理。你思維強勢，愛教訓別人，哪怕是與朋友推心置腹的談話，你總是不知不覺間就又成了「老師」。

愛面子、好攀比

你始終覺得有無數的眼睛在看著你，你非常愛面子，生怕被人看低。你習慣了站在高處俯視一切，根本不允許別人看到自己的弱點。為了面子你會誇大事實，也許出發點並沒什麼惡意，無非是為了給自己貼金，滿足自己的虛榮心。你很克制自己，生怕哪裡做得不好不對，這讓你的臉部表情僵硬，總在時刻抑制本性的自然流露。

有勇無謀

衝動無耐心是你的敵人，即使你有出色的頭腦和周密的計畫，但往往缺乏耐心和恆心。你的注意力都在開創上，容易沉浸於創造的成就感中，越是難度大的課題，你就越要攻克下來。可是一旦需要持續守業的時候，你便對此失去了興趣。做事虎頭蛇尾是你失敗的關鍵，只會攻不會守，有勇無謀，一路上只能不斷地重新開始，如此反覆沒有盡頭。

偏執

造成偏執的原因，來自你認定自己的想法是正確的，聽不進去別

人的話，更無法站在公正的角度去看問題。面子、自我中心、不服輸，這些因素綜合在一起，讓你即使內心有了動搖，可是依然會堅持到底，死不承認「我錯了」。

支配慾

你是個孤獨的人，偶爾會做著這樣的夢：假如有一天能離開人群，到一個孤島上生活，那該有多好。也就是說，其實你的獨立意識是強撐著的，隨時有逃避的準備。你習慣支配別人，在情感關係中也時刻要支配對方。即使表面上盡量裝得柔和親切，可是很快你的支配慾就曝露出來了，一切都要你說了算。

自私

一個愛強調「我」的人，隨時會流露出「我為先」的舉動。

深層解讀命數 1

本質：從無到有的開創者

命數 1 生來就具備獨立意識，一個人個性獨立必然有著開創的氣魄。第一個吃螃蟹的人，第一個敢品嚐番茄的人，他們就是開創者，有膽識去挑戰未知的一切。許多發明家和領導者都與數字 1 相關，從無到有，創新改革，這也是 1 所擁有的開拓精神。在人生舞臺上，命數 1 適合的位置是主角，是眾人矚目的焦點。

你對創造的興趣大於執行的過程，總想著如何建立自己的一套方式。你要建立自己的王國，在那一畝三分地上樹立你個人的標準，哪

怕是很小的範圍。你對別人走過的路毫無興趣，只想創新、引領。

任何創造都要與能力相匹配，假如一個人信誓旦旦要發明創造，雄心和魄力都不成問題，但唯獨缺乏能力去實現，那只能給自己帶來壓力和打擊。

你的創新之路充滿坎坷，「我不服」這個念頭在胸中隨時燃燒，哪怕僅僅是讀一本書，你都會想到：這不是我的思想，是別人的，我要建立自己的一套。假如一件事觸發了你創造的雄心，雖然恨不能馬上去落實，往往也不會自己動手去做。因為你是君主型的人，只擅長決策和謀略，不願意把過多的精力花費在瑣事和奔波上。你需要施展的是影響力、自信與魄力，這會讓你隨時吸引來眾多的追隨者，他們才是幫你執行決策的人，而你最擅長的就是出謀劃策和發號施令。

做為有王者特質的人，你非常在乎被尊重和被關注，而得到尊重與關注的方式就是成為某些事的領頭人。相較對金錢與權力的渴望，你更在乎的是在群體中的位置。在一個群體中，是否有一個平臺能讓你發揮出先鋒者的威力，這對你相當重要。

你是個發光體，不允許自己黯淡，無論在哪種場合，最令你難以忍受的就是默默無聞。有句話叫「寧做雞頭不做鳳尾」，這正是你的寫照。假如有兩個機會擺在你面前，一件是讓你帶領幾個人去完成一個任務，你從中能得到的只有權力和榮譽，而另一件則可以讓你賺一大筆錢，但必須屈從別人的調遣，你很可能當即就選擇前者。也許在別人看來，你是野心勃勃的人，其實，你的「野心」來自天生的主宰意識，畢竟 1 是要做老大的，這是天性使然。

在生活裡不被人重視關注，這對命數 1 者來說，只能意味著失敗，而一個在工作上處處被上司打壓的命數 1 者，更是會憤恨不平。做

主角能夠將所有人的注意力吸引過來，只不過自己所承受的壓力也更為沉重。你想演好這個角色，必須具備出色的演技以及理解角色的能力，而且更需要人氣。

能量：眾人矚目的偶像

命數 1 是具備大能量的人，做事自信，不模稜兩可，一是一，二是二，甚至還會流露出「我就是準則」的態度。但從另一面看的話，命數 1 的自信也是咄咄逼人的，有自以為是的傲氣，常會叫人看不慣。

經常泡論壇、部落格的人大概都有此體會：有的人語出驚人、文筆極佳，但每次發表言論，看倌都寥寥無幾，經常是長篇大論後很快就無人問津；而有的人隨便寫點什麼，就能招來大批人圍觀，甚至逐漸形成粉絲群。這似乎有點莫名其妙，為什麼差別這麼大呢？這就是能量的差距，數字 1 者通常就是那種被圍觀的人。

有個命數 1 的女生，經常在部落格上發表一些對服裝、化妝品的感受，照說平淡無奇，論才華也談不上，但她卻有眾多的粉絲經常捧場追隨。其中有個粉絲說：她的口氣有一種非常肯定的感覺，很少用也許、大概、可能等這些不確定的詞，我就是被她的這種自信吸引來的。從積極的意義上看，這種超強的自信會形成獨特的威懾力，因為是沒有人會對一個唯唯諾諾的人產生崇拜之心的。但其存在的負面問題就是讓人覺得高高在上，總是不自覺地自以為王。

你有傲慢之氣，對於看不上的人或是不願意臣服你的人，總是一副拽到不行的姿態。除非遇到了弱勢群體，甘願做你的部下隨從，那時候你倒是會顯出大將的風度，並且為人熱心仁義，大器豪爽。你的

身邊總會出現幾個馬屁精，他們還不能笨到馬屁拍得太明顯，要拍得恰到好處，吹捧也要吹到你心坎裡。

當一些人特別仰慕某個明星的時候，不過是把偶像當作了自己的參照物，也就是相當於在表達：「我想要做這樣的人」。命數 1 的跟隨者也同樣，他們被你身上的大能量所吸引，無非是把你當了榜樣。

當你一旦遇到同樣強悍的對手時，你那爭強好勝的心態就被調動出來了，也會與這樣的人保持距離。命數 1 者在情緒低落、缺乏信心的時期，會用張狂傲氣來掩飾「黯淡無光」的事實。過於獨立和不求人、不低頭，常常會讓你陷入孤軍奮戰的境地。

可是，沒有其他選擇。命數 1 的人只有透過努力奮鬥，讓自己成為眾人的帶領者。

人際：服眾的障礙

太陽的任務是用光芒為他人照亮取暖，做為命數 1，你的責任就是用自身的熱量帶動他人前行。你想成為周圍人尊敬信賴的老大，必須具備出色的做事能力和優良品格，這是你服眾的根本。

你是典型的個人主義者，一切以自我為中心，會在不知不覺中強調「我」的存在與尊貴，而不屑他人的感受，這樣就難免被眾人孤立。你處於「我什麼都對」的姿態時，這種優越感和不合作會給你帶來人際上的困擾。

與人相處時，你的王者心態，有可能會造成自己一方的被動局面。你缺乏主動性，缺乏耐心與人協調，明明可以主動放下身段去爭取，但你卻有可能選擇「所有問題都自己扛」。這會叫你疲憊不堪，畢竟你的能力和精力都是有限的，並非強大到無所不能。

　　你認為自己應該處處比別人強，無論怎樣，心裡都要找到一個平衡點：他比我事業成功，我還比他有才華呢！她的臉比我漂亮，可是她沒我腿長！……比較來比較去，想的都是自己的優勢。好強好勝，無非是喜歡比別人強大，好佔上風，可是這也僅僅是「想」出來的，並不是真的強，真能勝過別人。

　　你的面子無所不在，常常為了顏面吹牛說大話，某件事八字還沒一撇，有可能就被你宣揚了出去，一副勝利在握的樣子。好攀比的人有狹隘的嫉妒心，見不得別人比自己過得好。當以己之長比他人之短時，你的優越感油然而生，當以己之短比他人之長時，你的嫉妒心就要爆炸了。

　　你非常喜歡說教，大道理一套又一套。尤其當別人請教你的時候，你就像個軍官給士兵訓話，有時候也不知道自己說了些什麼，只是滔滔不絕連綿不斷。你很享受這種為人師表式的演講，雖然說的道理乏味得要命，也沒什麼重點，可是只要有機會，你就會嚴肅地給別人上一課。為此你有可能出現攻擊性，表現為喋喋不休，強加於人，這樣一來難免會令人生厭。

　　你喜歡別人依賴你，服從你的想法，並不希望身邊的人比你強，這樣會讓你獲得安全感。所以你常吸引一些與你的個性相反的人相處，這些人有弱者的特點，但你會嫌他們笨，嫌他們不上進，這又會導致你因狂妄自大而失去「人和」。

　　做為主角，如何與配角相互扶持，是命數 1 者人生中重要的一環。即便你是個國王，也需要眾人的愛戴與擁護。尊重他人，虛懷若谷，能使你在人生舞臺上得到更多的掌聲。

感情：陽性的主宰者

命數 1 的愛情觀是樸素的、認真的，並且原則性很強，可以做個有擔當的伴侶，能在家中撐起一片天。不過，要注意太過自我會成為雙方感情上的絆腳石。數字 1 屬陽性，即使是女性也有著男人的性格特質。假如不瞭解這一點的話，數字 1 的女性人生中很可能就會出現角色錯位。

做一個強者並不代表脾氣有多大，在家中的位置有多高，而是與自身的精神獨立有關。也許你在職場上是老闆、領導者或者某個團體的領頭人，你收入不低，完全自強自立，但假如精神不獨立的話，就會在與異性的相處中喜歡支配，要求苛刻，隨意干涉伴侶的選擇，這都是不安全感造成的「外強中乾」。

命數 1 的女性敢愛敢恨，爽快正直，很值得欣賞。只是大女子作風與偏執的個性會給對方造成相當大的壓力。命數 1 本身就帶有主宰者的特徵，自尊心過強，以及自我保護意識強烈，這些都會導致在與異性的相處中，無法充分配合對方的局面。假如兩人因一點小事有了分歧，女老大們那真是寧死不屈，鐵嘴鋼牙，即使心軟了嘴也不會軟，她們重視的還是顏面。

命數 1 的男性雖有著老大哥的風範，能給予女性依靠感，但比較克制自己的感情流露，越是喜歡一個人就越會表現出一副「我無所謂」的樣子。「面子」是所有命數 1 者的弱點，在選擇伴侶上也一樣，常會只看重外在的風光而忽略內在。命數 1 男是有正氣的，氣勢強，但很怕伴侶看到自己「弱」的一面，會努力維護自己的尊嚴與強大，有時還會硬撐著大包大攬。

命數 1 還應該留意自私的問題。自私並不代表道德品格上的問

題，而是與性格中太過自我的因素有關。喜歡以「我」為中心的人，習慣性地不考慮別人的感受。比如說在類似點菜這樣的生活細節中，命數 1 者也許會客氣一下，但最後作主的還是自己，甚至會推薦某個菜「這個相當好吃，我非常喜歡」。這樣一來，就無意剝奪了別人的選擇，讓別人不自覺地又被你「領導」了。

在感情上，命數 1 的男女最需要的是放鬆，放下自己的諸多自我和自尊，不要總是去爭主次。其實不管夫妻之間還是戀人之間，只要你認可了對方，彼此就是「自家人」，有什麼可爭的呢？真實的示弱也是一種坦誠的表現，愛情之美在於和諧與相互欣賞，而不是尋找對手。

數字之間的「化學反應」

當命數 1 者的生日中 2 的能量過大時（數字 2 出現比較多或者生日數為 2），會有比較矛盾的狀況發生，你會一方面信心十足，一方面又缺乏信心。很想自己獨當一面，可是執行起來又會盡量去附和別人，這樣一來，會少了很多勇氣和魄力。

當命數 1 者的生日中 3 的能量過大時，會呈現出不負責任的情況，衝動，孩子氣，比如口出狂言，過分愛表現自己，給人印象比較做作，但此類人相當聰明。

當命數 1 者的生日中 4 的能量過大時，會出現勞碌命的狀況，極其務實，忙個不停，會拒絕接納好的建議，不容易與人溝通。

當命數 1 者的生日中 5 的能量過大時，為人十分有主見，但容易一意孤行，做事有始無終，會不斷地開始從頭再來，持續性非常差。

當命數 1 者的生日中 6 的能量過大時，會深陷面子問題，個性保

守，退縮，更喜歡說教，自信不足。

　　當命數 1 者的生日中 7 的能量過大時，智慧雖高，但更加狂妄自負，與人群格格不入，在團體中會不自在。

　　當命數 1 者的生日中 8 的能量過大時，成功慾更為迫切，會把事業與金錢的成敗得失看得過重，魄力驚人，可有時候也失於過分心急。

　　當命數 1 者的生日中 9 的能量過大時，會成為領袖人物，只不過 1 會放大 9 的妄想力，難免令人高估自己，導致遭遇失敗而不自知。

命數 2：甘為紅花做綠葉

　　三國裡的劉備雖為一代霸主，但陰性的劉備與陽性的曹操有著針鋒相對的行事風格。劉備這個人物至今都爭議不斷，褒貶不一。他善於「合作」，靠身邊文武大將智才輔佐成就大事；他感性仁愛，多情善哭，素有「劉備的江山是哭出來的」一說；他善於分析揣摩心理，重人和，憑感情投資贏得人心；他有耐心、在乎禮，為請諸葛亮出山而三顧茅廬，甘願站立半晌靜等孔明醒來；他愛強調皇叔的身分，時刻謹小慎微地維護世人看待他的眼光；他能屈能伸，有外交手腕……但同時他也有演戲的才能，在虛實之間真假難辨。

　　劉備這個人物的特點與命數 2 非常接近，因為數字 2 的兩元性，本身就帶有虛實特徵。劉備的身分雖是「主公」，但始終處在「大綠葉」的位置上，而真正幫他成就大業的「紅花」是諸葛亮。有人把三國中的人物做了智謀與武力的排名，劉備不在其中，而被例外地封為最有魅力的人。

　　人人都有個好強之處，就是怕當弱者，不是有句話叫弱肉強食嗎？可是你見過有種魚叫清道夫嗎？這種魚專門吃其他魚拉的屎，牠不管和什麼魚放在一起都不會被吃掉。即使沒有食物牠也不會被餓死，因為有吃不完的魚屎。牠認可自己的位置，不去爭不去搶。清道夫是所有魚的好鄰居，快樂地吃著屎，依附著那些強大的魚。

　　命數 2 的人使命就是因處在平衡者的位置而獲得自己的成功。既協調兩極之間的矛盾與衝突，也有能力以柔制剛。也許你很不願意做副手、做配合者，這也是命數 2 者最無法面對的宿命，可是假如你去爭去搶，去主宰，很有可能會導致你的生命狀態一片混亂。畢竟你

不是可以高高在上的人，你無法接受任何不和諧，更不願意拉下臉去支配別人。你缺乏原則性，隨時會因人情而思維波動。

你的機會來自人際關係，這是你最重要的成功途徑，人際的好與壞決定了你的人生路是否順遂。你的機會來自人脈，獨立作業會讓你失去重心。而如何從合作中獲得自身的價值肯定，這是你需要學習的生命課題。

友善

你非常看重與人為善，在和諧的氛圍裡你會吸引同樣友善的人，這是一種良性循環，可以彼此互相扶持創造出成功的機會。人際關係的和諧不是靠討好和拉攏，而是要靠你的魅力和善解人意。人人都不喜歡與鋒芒畢露的人做朋友，而具有親和力的你會讓人相當放鬆。

配合

你有出色的協助能力，沒有競爭心，野心也沒有那麼蓬勃，所以很容易被信任。配合他人是件難度極大的事，需要的不是忍耐的功力，更多的是低調的修養，不能喧賓奪主，也不能俯首貼耳，這種尺度的把握全依賴於你良好的素質和心態。

感覺

不管多少人都在稱讚有邏輯理性的人頭腦非凡，但感性的人還是更為可愛，因為簡單直接，不那麼複雜。站在你自己的角度，感性可以幫你很多的忙。你的想像力非常豐富，快樂與悲傷都來自你的感

覺。對音樂、電影以及所有藝術的感受，都能調動出你出神入化的想像。

審美力

你有辨別美醜的天分，對美麗的事物極為熱衷，愛美的你很少會穿錯衣服，你總是能把色彩搭配和諧，看起來賞心悅目。你可以善用你審美的長處，去發展與此相關的職業和喜好，會有收穫。

直覺力

在不瞭解一個人的情況下，憑直覺你也可以對他做出快速判斷。要相信自己，你基本不會出錯，因為直覺力是你的長處。你的第六感非常敏銳，就像有觸角，直覺可以助你一臂之力，讓你有先見之明。

等待

對你最為有利的際遇都是自找上門的，要學會等待，不要急於行事，這是你必勝的法門。守株待兔或許在很多人的觀念裡是懶惰的、不求上進的，但在你這裡，「守」比「攻」更要符合你的處世之道。你只需耐心等待，抱著靜觀其變的態度去迎接機會。

依賴心

你的獨立性很差，常去依賴強大的人，從小時候依賴父母開始，你永遠擺脫不了無法獨立的事實。這並不是說明你無法自立，而是你在潛意識中就認為：「我是弱者，需要呵護和幫助。」依賴心是讓人

走向消極的毒藥，你會在不知不覺中懶惰成性。在與人合作中，你會發現自己有旁觀的狀態，不願意獨當一面，其根源就是缺乏自信，總想從別人那裡獲得一些依靠。

討好

你在人際上扮演著「和事佬」的形象，喜歡附和他人，唯唯諾諾，完全沒有自己的立場。你為了獲得人緣上的肯定，會討好別人，濫用讚美，假惺惺與人為善，更無法堅持自己的想法，讓人覺得既缺乏個性又不真實。

委曲求全

情緒化來自敏感多慮，稍微有些風吹草動就會往心裡添堵，這會讓你過分壓抑自己。有話不直說，表面上說「沒關係，我不生氣」，可是心裡卻在暗生憎恨。讓你表達真實的感受相當難，你會因長期壓抑不滿而抱怨不休，甚至突然爆發，指桑罵槐大發雷霆。

自欺欺人

你在依賴別人的同時，會有一種奇怪的心理，自認為別人非常需要你，有時也搞不清楚到底是在利用別人，還是被別人利用？因為你很難平衡彼此之間相互依存的關係。你的心態也隨風飄動，一時強調自己的重要性，一時又否定自己的重要性，來回搖擺不定，但最終還是會自欺欺人地想：失去我是你最大的損失。

缺乏果斷

數字 2 意味著會有二元化的拉扯,對與錯,鬆與緊,收與放,把握起來都具有相當難度。遇到大的問題就更是拿不起也放不下,左右矛盾,反覆衡量分析。你有打破砂鍋問到底的精神,但往往問不到點上,轉幾圈還是回到原點。你放不下的層面太多:是不是沒有責任心?別人怎麼看我?這樣不太好吧?那樣會不會傷人?考慮得太多了,這反而會給你帶來麻煩。

深層解讀命數 2

本質:重視美感的「演員」

一個演員不僅僅要有演技,更需要具備超常的想像力和感受力,需要將自己置身於想像出來的場景裡,這樣才會入戲。2 的想像力在九個數字當中當屬第一,所以很多藝術行業裡的人才總與數字 2 瓜葛最多。

你有一雙看事物細緻入微的眼睛,洞察力和分析力非常出色,這並非來自頭腦,而與你天性敏感有關。這種敏感表現在各方面,比如對一朵花的感受,有的人僅僅想到,這花很美啊,而你卻能透過花聯想到很多其他事物,也許是對繽紛色彩的冥想,也許觸動了你的好心情或憂鬱的情緒。

你是個感覺非常好的人,尤其對美與醜的分辨力更是有過人之處,喜歡一切美好精緻的東西,愛享受生活,重視外表,當然也喜歡花錢。你渴望安逸,希望過有品質的生活,對任何「不美好」充滿抵觸排斥,這包括窮困、醜陋、衝突、噪音、瑕疵、不和諧。

你就像一個雷達探測儀,對周遭的狀況有敏銳的洞悉天分。但同

樣，敏感也會給你帶來困擾。由於吸收力過強，你能輕易地接收到負面資訊，別人的態度，周圍環境的惡劣，外界朋友對你評價的好與壞……等等，你都非常留意，經常下意識地放大想像，歪曲判斷。這往往會給你帶來傷害或者心病，你的情緒也因此受到干擾，承受挫折的能力比較低。這些因素都會導致你的抱怨、嘮叨，以及不知道如何去化解這些不良資訊。

雖然你不一定是個演員，可是你經常會投入到自己想像的劇本當中，分析來分析去，在虛與實中進退維谷。所以，你給別人的印象常常是缺乏主見，經常為一個決定左右為難，遲遲拿不定主意。每到這個時候，你總希望有人來幫你判斷抉擇。但即使別人提出建議，你在心裡依舊有自己的一套準則，如此一來，翻來覆去的車軲轆話就不停地轉，最終也沒有解決的辦法。

命數 2 者有表演能力，那種不自覺的「入戲」能力往往會讓他人或自己真假難辨。比如你幫別人做了一件事，得到了些報酬，本來這是應該得到的，沒什麼不妥當，可是你會想像自己是絕對的善良和無私付出，會強調我不是為了錢，這對我來說不過是舉手之勞，我的目的不在此……等等。你很怕別人因此說你不是「好人」，所以要用無慾無求的形象來掩蓋罪惡感。這種情緒很複雜，也是命數 2 的人常用的面具。

能量：以柔克剛，以靜待動

萬物都由陰陽、主次來協調，如果把命數 1 比作舞臺上的主角，命數 2 就是配角，是襯托鮮花的綠葉，是一種安定的力量。

你並不是個性格外露的人，喜歡寧靜，做事低調不張揚，也缺乏

攻擊性。這種特質會讓你具備安定他人情緒的能力，也會帶來別人的信任。你追求隨遇而安的生活，不爭不搶平安度日，盡可能地與人為善，以期與環境達到和諧平衡。在你的觀念裡，沒有什麼事情算得上「絕對」，新有新的道理，舊有舊的好處，你能接受前衛，也不排斥保守，你站在中立的角度上看待一切，中庸就是你的處事方式。

你的直覺力很強，能夠憑感覺洞察別人的心思，這也包括對事情的判斷。儘管感覺毫無根據，但往往能幫你指引方向。只不過，信任直覺很難，你會迷失在感覺和期許這兩者之間，而最終你會選擇期許。比如應聘到一個新的工作，明明直覺告訴你「我並不適合做這個工作」，但內心的期待又在呼喚你「這個公司也許很有前途」，而最終的結論往往是，你最初的感覺是正確的。

你缺乏獨立性，很難獨自去完成一件事，總想把一些期待傾注到他人身上，以此獲得一些依靠。其實在你心裡非常渴望能獨當一面，可是你認為：我依賴別人，對方也同樣在依賴我，這也是我的重要性的展現。所以你習慣一切由別人做主，反正天塌下來有人幫你頂著。

武術中的太極拳講究「以柔克剛，以靜待動，以圓化直，以小勝大，以弱勝強」，最致命的一擊就是借力使力。你適合與人合作，這要比自己獨立做事更有把握，更讓你有安全感，那種合二為一的方式能調動出你那絕佳的配合力。你不適合單打獨鬥，這只能讓你失去重心、偏離軌道，還有可能引發惰性，讓你舉步維艱。

配合他人是你的天分，在你的人生之路上，隨時會出現很多與他人合作的機會。假如能認可自己的依賴心，把它轉化成另一種積極的力量，你會是個很好的輔佐人才。

一部好戲並不是每個人都要做主角，出色的配角照樣可以引人注

目。

人際：多心的矛盾者

命數 2 者是和平主義者，與人為善，注重一團和氣，以柔克剛才是你的處世之道。2 是由 1 衍生出來的數字，同樣具備 1 的特點，也就是說，它並非只具備柔性，自身的剛性同樣存在，這就是 2 所具備的對立特質。

你是有風度和修養的人，不論你是什麼身分，什麼文化層次，多少都會展現出好素質的一面，這一點會讓人感覺很得體。

只是你常常會表現得唯唯諾諾，明明不高興但會因怕得罪人而默不作聲，只把不滿積壓在心裡。你很擅長忍耐，該拒絕的不拒絕，該反抗的不反抗，這會給你帶來委曲求全的負面情緒。

你是敏感多慮的人，壓抑與不滿只有獨自消化，靠嘮叨、抱怨、自憐尋找出口。你最看重的就是別人怎麼看你，比如誰誰誰又說你什麼了。人與人之間都是鏡子，當你正苦心琢磨別人對你的態度時，你也在挑剔著別人的毛病。你看不清楚自己有什麼長處，自然在看待別人的長處時也夾雜著偏見。

你與人交流的時候外柔內剛，往往會表現出與柔和性格不符的頑固。你抓住牢記在心的二元法不放，藉此展示自己的客觀，這樣有道理，那樣有道理，想啊想啊，想破了腦袋也沒想出個所以然。因為你壓根就沒有立場，或者可以說，你的沒立場其實也正是在迴避「想不明白」這一狀況。

你的客觀背後隱藏的就是主觀和不變通，那真是小木頭的實質，木訥的思考方式，如再斤斤計較的話，拿起的自然是擋箭牌，用以抵

擋真相。你有會計一樣的頭腦，算計的都是細節上的得失，而對大局，你偏偏從不好好地去算計一下。有個詞叫捕風捉影，沒影的事越想越大，然後生出一堆被害妄想來讓自己害怕，這形容的往往就是你的狀況。

在人際關係上，情緒化是你最大的弱點，敏感的你喜歡牢記一些不美好的細節。你今天不開心嗎？為什麼不開心？是不是因為我？──你會對朋友有這樣的問話。表面上看起來是討好或者謙和，實際上你是「多心」的，太在乎別人的情緒是不是與你有關。諸如此類的內外糾結時常讓你身邊的人不知所措。你甚至還會把自己的壞情緒嫁禍到別人身上──都是你們造成的錯，搞得我心情不好。

依賴心也是一把刀，會刺傷家人和朋友。你經常把自己的需要放在第一位，不自覺地操縱別人，假如他們無動於衷的話，你會覺得有種被蔑視的痛苦。

良好的人際關係是命數 2 者成敗的關鍵，畢竟 2 的運氣來自人脈上的互動，放開心胸，成就他人也就等於成就了自己。

感情：不平等的親密關係

在選擇伴侶上，命數 2 適合的人不論是什麼類型，最起碼要能夠溝通談心，並且能帶來溫暖的依靠。但往往命數 2 者的依賴心會因這種需要產生錯覺，就是由於在孤獨時急於尋求依賴，反而有可能選擇了既不能溝通又無法依靠的人。這也是命數 2 的人中為什麼怨婦比較多的原因。

當喜歡一個人的時候，你很懂得如何關心伴侶的需要，對方的一舉一動都會放在眼裡記在心上，這種細膩會給對方帶來貼心的感受，

你也願意給予對方無私的愛。

你扮演著兩人世界當中從屬的角色，表示親密的方式就是「一切都有你呢」，遇到問題你也會推給對方去解決──「你覺得應該怎麼辦」，「我想你會解決的」，大有甩手掌櫃的意思。可是當對方習慣指點一切，成了操控者時，你反而不舒服了，感覺自己已經失去了價值。

你分不清楚配合與奴役之間有什麼不同，因為喜歡一個人你會無私奉獻，一切以他為中心，努力做個賢內助，甚至有迎合的心理。他喜歡看足球，於是你也成了球迷；等你們分手之後，換了一位喜歡籃球的戀人，你又跟著補習灌籃知識。你時刻記得對方的感受，可是偏偏忘記了自己的需要。

兩人在一起時，如果總是以某一個人的喜好為準則的話，這是極其不平等的關係，你遲早會因此生出不平衡的心理。當彼此關係一旦達不到期許中的狀態時，你會忍耐再忍耐，直到忍無可忍，仍不敢做出果斷決定，而只會把不滿化做一腔的怨恨，自憐命運不公。怨婦之所以有怨，正是因為失去了自我，而把注意力全部放在別人身上之故。

依賴心也會助長或誇大對方頂天立地的假象，讓你分不清楚相互利用和愛的區別。指望別人幫你，指望別人照顧你，甚至指望別人養你，可是你誤以為對方幫你是因為他離不開你，關照你是因為你很好，養你是因為愛你。不夠自立的人往往看中的都是對自己有利的那面，對此習以為常就成了感情習慣中的自私與控制。

如何平衡依賴與被依賴的關係，你一生都在尋求這個問題的正

解。2的能量有著微妙的自我對立面，真誠與虛偽，熱情與冷漠，自私與無私，負責與不負責……等等，而誤解往往都是在混淆不清中產生的，讓你始終不知道自己到底要什麼。

當你本能地想依附強者的時候，一定要看清楚對方是否是真的強大。強大並不代表賺錢的能力，也不代表學歷高低，更與外在的偉岸毫無關係。強人最明顯的特徵就是不怕伴侶比自己更強，所以他們往往不會去選擇弱不禁風之人，因為真正的強大要的是平衡和獨立。

數字之間的「化學反應」

當命數2者的生日中1的能量過大時，你會不願意做配合者，愛出風頭，一心想成為領導者，尤其在起步階段，這種不平衡心最為強烈。

當命數2者的生日中3的能量過大時，自卑感會更為明顯，對周圍的環境更為敏感，更愛嘮叨抱怨。

當命數2者的生日中4的能量過大時，情緒問題會成為你的最大障礙，你總是壓抑自己，不願意把真實的想法說出來。

當命數2者的生日中5的能量過大時，脾氣會很壞，包容力欠佳，性格也更為頑固。

當命數2者的生日中6的能量過大時，這時尤其要注意感情上的折磨，常常會拿不起放不下，考慮的責任過多，容易委屈自己，引起麻煩。

當命數2者的生日中7的能量過大時，會表現得過度愛分析，心思不夠單純，人際會成為你的一大問題，你需要人脈，可是又無法與

人和諧相處。

　　當命數 2 者的生日中 8 的能量過大時，有時會做出溜鬚拍馬的行為，為了達到目的去向他人獻媚討好，過度柔軟的做事風格會遭人不屑。

　　當命數 2 者的生日中 9 的能量過大時，會因太在乎別人的需要而失去自我，尤其在感情上，自我想像超過了現實境況，看不到事物真實的層面。

命數 3：三人行，必有我師

中庸之道的宗旨是天人合一，人性與天性的和諧，在生活中則展現為一種平淡、優雅的君子之道。中庸是人類很難達到的一種「最高美德」，在正與邪、生與死、美與醜、是與非、對與錯之間走出第三條路，即恰到好處地處世為人，不爭不鬥，不喜不厭。提出中庸思想的人是我國的大哲學家孔子。

而孔子就是命數 3 的人（西曆生日西元前 551 年 9 月 28 日）。從歷史對孔子的記載中，對孔子的描述與命數 3 的品行非常吻合：孔子以好學著稱，對於各種知識都表現出濃厚的興趣，因此他多才多藝，知識淵博。孔子學無常師，誰有知識，誰那裡有他所不知道的東西，他就拜誰為師，因此說「三人行，必有我師焉」。

孔子生性正直，又主張直道而行。他三十多歲時曾問禮於老子，老子贈言說：「聰明深察而近於死者，好議人者也。博辯廣大危其身者，發人之惡者也。為人子者毋以有己，為人臣者毋以有己。」這是老子對孔子善意的提醒，也指出了孔子的一些毛病，就是看問題太深刻，講話太尖銳，不留餘地，傷害了一些有地位的人，會給自己帶來很大的危險。

從這個角度看，孔子提出的中庸之道也正是他自己需要修為的功課。雖然孔子被世人尊稱一代聖賢，但「人非聖賢」這四個字卻更接近客觀。命數 3 者的人生使命就是追求一切美好的事物，將靈性與聰明才智運用在表達力上，而誠實的表達正是命數 3 者的生命課題所在。

道生一，一生二，二生三，三生萬象。命數 3 者的使命就是表達

萬象之美。

命數的意義是人一生學習的方向，是在人生道路中完善自己的提示。孔子的哲學思想一直為後人頂禮膜拜，但做為個人，他所弘揚的一切美德標準，也是針對他自己的一個學習目標。

好學

你天性聰敏，對很多事物充滿好奇心，每遇到感興趣的事物，就會充滿學習的熱情，不恥下問，確實有「三人行，必有我師焉」的精神。你喜愛讀書，善於接觸新生事物，尤其是對神秘學、宇宙之謎等生命學科，有著深入瞭解的慾望。這會讓你的思維總處在一種「新」的狀態，隨時會在生命中找到樂趣所在。

純真樂觀

無論環境如何世俗，你都能保持一份純真，生性直率，天真愛玩樂。你沒什麼心計，最不懂得如何使用陰謀，想什麼就做什麼，對別人的看法意識很模糊，這一點會讓你總是能保持樂觀的心態，大有無知者無畏的銳氣。

創意與想像

聰明的點子時常在你腦子裡靈機閃現，別人想不到的，你可能會在被啟發的狀態下調動出來。你是有創意才能的人，尤其對你非常感興趣的事，憑著天馬行空的想像力和童心，總會冒出出人意料的好主意。

表達

讓你沉默很難，你有超強的表達慾望，並會用各種形式表達出來。如你看到一幅景象很美的風景，你首先想到的是描述出來、用相機拍下來，或者畫在紙上。你不會把感受憋在心裡獨自消化，而是更樂意拿出來表現分享。

愛社交

你的生活裡不能沒有群體，一個失去人際圈子的命數 3 者是自取滅亡。你喜歡與人打交道，並非有「多個朋友多條路」的目的，而出發點還是「好奇」。當你和各種人接觸的時候，其實你是在學習，吸收各種資訊，這隨時能帶給你新的興趣。

藝術愛好者

數字 3 有發現美的能力，所以你會被藝術吸引，擁有多才多藝的特點。你不會侷限在某一個專業領域並深陷其中，那樣只能讓你感覺乏味。愛好廣泛的你充滿靈氣，雖然精力過於分散，但剛好會成就你的創造力，這同時也是你的成功方式。

機智口才

口才是你的天分，你願意與人溝通，把自己的想法毫無顧忌地說出來，這也是你性情樂觀的通道，你總是很難壓抑自己。由於機智風趣，你能很好地組織語言，用說故事的方法表達你的想法，生動形象，給人帶來歡樂。假如能把語言天分運用得恰到好處的話，這會是你最

大的優勢。

皮毛主義：你感興趣的事很多，也喜歡學習吸收，但因注意力過於分散，持續能力很差，很難去深入其中。就如喜歡占數學的命數 3 者非常普遍，但真能深刻領悟占數學的命數 3 者卻少之又少。這個特點經常表現為：你的好奇心很容易被調動出來，對一件事物恨不能馬上學會，但又沒有耐心和信心去探索其深層的意義，只瞭解個表面文章就急著去跟他人賣弄，結果很可能會給不明所以的人造成誤導。

話多是非：愛表達是你的長處，但如何恰當表達是你需要學習的課題。你很愛說，有時道聽塗說的事情，在沒消化之前你就急於表達出來，搞得很八卦。過於愛表現，也會造成出口傷人還不自知的狀況，只顧自己說個痛快，完全不顧忌他人的感受。

自我懷疑：一個人愛強調什麼，一定是他缺乏的那部分。當你拍著胸脯告訴別人「我沒問題」，並且著重強調「為什麼沒問題」的時候，其實你心裡正在告訴自己：「我不行」。你缺乏自信，這主要源自於你的情緒是感性的，而思維是理性的，感性的你會認為「我很棒」，理性的你則始終在衡量自己的欠缺，在對你說「我非常糟糕」，兩者綜合在一起，就讓你非常矛盾，所以常常會表現出口不對心。

不誠實：命數 3 的目標就是誠實表達，有中庸之道在其中，但這往往是命數 3 者最難做到的一點。中庸是很難拿捏的一種和諧，你天性就知道和諧的重要，但對如何把握卻做不好。你願意與人為善，怕得罪人，更不能忍受與他人之間有任何不和諧，但由於你愛表現自己，無法做到沉默和內斂，所以常會因急於引人注意而誇大事實，甚至撒謊（包括抄襲）。這樣一來，你生活中的不和諧就此起彼伏了。很可能你自認為天衣無縫，但旁人卻一眼看穿，這就會導致聰明反被

聰明誤的局面。

任性：任性是你的另一個敵人。你有孩子般的情緒，變化多端，一時樂在其中，直到樂極生悲，一時悲觀逃避，任意胡為。你精力旺盛，可又經常隨意消耗，關注的重點都在不切實際當中。例如，你想當演員，一門心思要成為明星，可是注意力只在表面的風光上，而不知做個演員也需要多方面的努力，並非「想」就可以的。一旦達不到你的目標，任性之舉也就來了，要嘛嫉妒成功的人，要嘛表現得尖酸刻薄，引發出性格中愛弄「是非」的一面。

深層解讀命數 3

本質：會創意的「兒童」

3 這個數字具備一定的靈氣，聰明伶俐，多動多變，就像一個剛出生的嬰兒，對周遭的一切都有興趣去瞭解，去探索。3 綜合了 1 的創造力與 2 的想像力，融會兩者之優勢能凸顯你的才智。

從外在行為上直接判斷你與命數 3 有瓜葛一點都不難：你會有一雙靈活的眼睛，眼神發亮，愛左顧右盼；你隨時要表達自己的看法，話匣子一旦打開就滔滔不絕，有機關槍一樣的語速；你的年齡不太容易靠外表猜測，因為你看起來總是比實際年齡要小那麼幾歲；你絕不是沉悶之人，有你的場合總是讓人感覺熱情洋溢。

你的愛好非常多，一時一變，雜亂無章，隨時會被某件事吸引，然後一腔熱血地投入進去，一副要深入學習的架勢。但你的持久性很差，時常被各種新奇的事情吸引，注意力分散得極快，過期的愛好隨時會被你拋棄，或許從此就對它不聞不問。

長輩們對你最頭痛的事就是你的沒長性。什麼都知道一點，可是

什麼都不精通。

你對文藝和時尚有相當的敏感度，喜歡一切與自然有關的美，接收新鮮事物的能力很強。你最讓人稱道的天分就是心靈手巧，總有新奇的點子突然冒出來，這就是你的創意能力。你有著天馬行空的想像力和超強的抽象思維，一旦把那些新奇的想法落實出來，很有可能就是與眾不同的好點子。

你靠的不是頭腦，不是智商，而是靈氣，這是最難形容的一種「聰明」。但由於你的精力過度分散，學到的知識又都僅僅是個皮毛，看起來自信滿滿，可是往往心虛，嚴重缺乏自信，即使有創意也無法落實，而那些無關緊要的瑣事卻讓你忙個不停。

你有純真的心和活躍的性格，即使到了中年甚至老年，你依舊是個老頑童。你不是拒絕長大，而是天性使然，這一點讓你有趣不乏味，只不過負面的問題也很嚴重，那就是不成熟。

一個性情很孩子氣的人是可愛的，既率真又單純，可是假如心智不成熟的話，那就叫幼稚。

能量：愛表達的小喇叭

數字 3 有傳播的意義，表達和溝通對命數 3 者來說是成功與幸福的關鍵。命數 3 者的表達力很發達，在寫作、繪畫、音樂以及傳媒等領域都有出色的才華，但假如表達不當的話，就會出現人生的「故障」。

語言能力是你的一大天分，幽默感和笑聲更是你的魅力所在。你是眾人的開心果，有你在的場合氣氛絕對不會沉悶，總能看到你灑脫地揮發你旺盛的精力。

你非常健談，愛發表自己的看法，喜歡與人溝通聊天，興致上來會滔滔不絕。你的語速很快，頭腦反應靈活，話題也跳躍性很大，從東說到西，從小說到大。看起來你是個偉大的溝通者，表達能力一流，但你習慣支配整個談話過程，不知道如何傾聽別人。

你與人溝通時，最讓人難以接受的習慣就是愛隨意打斷別人的表達，你沒有耐心聽別人說話，而只顧自己說個不停。因此，千萬不要認為話多就是懂得表達與溝通，溝通是輸出與回應相互之間的一種和諧，假如不能傾聽別人的話，你很有可能得到一個「膚淺絮叨」的名聲。

當你看到某一則新聞或者想到一個觀點，最難以克制的衝動就是盡快傳播傳達給別人，包括小道消息和朋友們之間的傳說。你「什麼都知道」，生怕自己孤陋寡聞，這種感覺給人的印象就是你無所不知，「我不知道」這句話很難出自你口中。

你有靈敏的聽覺和視覺，能快速將你有興趣的事情牢記在心。比如某位朋友說了一句很有哲理的話，你會現學現賣給另一個朋友，但並不會告之對方「這是我剛聽來的」，而是樂意讓他人感覺你是個知識淵博的萬事通。這種特點會引發一些不良行為，就是抄襲、借鑑、撒謊、誇大事實，如此一來，你那特有的創意天分就被扼殺了，取而代之的是廉價的鸚鵡學舌。

命數 3 的表達力特別難掌握，尤其是生日中 3 過多的人，表達過度的習慣往往會令人生厭。3 就像一個人從腦到心之後的出口，一旦出口的門太窄，水會放不出來，可要是門太大了，就是洪水，一下湧出能把人淹死。

命數 3 者的幸福感與表達有直接的關係。假如你能自信地找到自

身的價值，你的表達力自然就會發揮起優勢，或許你會成為一個有才情的作家，或許成為一個口才極好的主持人，更或許你會成為一個眾人眼裡有說服力的玩家。

人際：聲東擊西的「天之驕子」

3 是三位一體數，這是個三角形，情緒的流動是跳躍式的，很難控制，不知道什麼時候就處在了某一個頂端。某天心情鬱悶，情緒就流動到了敏感多慮的數字 2 上，某天興致勃勃，情緒又會流動到數字 1 上，這常令命數 3 的人顯得頗為自以為是。

你並不是個壓抑的人，性子直，快人快語，也比較健忘，有點神經大條，更沒什麼心機，和你相處的人都會被你的簡單直接所吸引。和你在一起不用處心積慮地考慮過多的注意事項，誰不樂意與樂天派在一起呢？所以你不會缺朋友，你喜歡與人往來，需要聽眾，也需要有朋友瞭解你、認識你。你怕寂寞，也不甘於寂寞，對於玩樂你總是很有一套，畢竟喜好眾多，你總是很樂意參與其中。

數字 3 有「天之驕子」這一層含意，你的運氣不壞，總能吸引到願意幫助你的人和雪中送炭般的機遇。除了處世簡單之外，你的靈氣也總能跳出來為你指引方向，你需要靠自然的力量來幫自己的忙，也就是跟著感覺走，並不用算計著小心前行。但要注意的是，有時候你的情緒化會破壞掉你的靈氣。心情低落的時候，最大的敵人就潛伏在你的身體裡，這時候的你會變得很敏感，很頑固，而且看什麼都不順眼，甚至會把負能量投射到別人身上，說三道四，得理不饒人。

在人際關係上，你給人的第一印象大致不錯，但要注意管好你的嘴。你很耿直，不擅長掩飾自己的好惡，有時冷不防就說出一句讓人

不舒服的話，又或者急著賣弄你剛學來的知識，愛誇大事實，這些舉動可能都會招致周遭同事和朋友的不滿。

與人互動時，你很矛盾，表面上樂觀自信，愛說愛笑，實際上內心又充滿了自卑感，和對自己不認可。即使和人聊到山南海北，也很少去說自己的事，總是藉別人的樂子逃避自己的問題。這種「聲東擊西」導致周圍的人無法真正地與你溝通，更無法如你希望的那樣，讓自己被人瞭解和理解，反而會給人留下做作的印象。

往往，你會得到兩種極端的評價，一種是覺得你很可愛，欣賞你的聰明才智，另一種是看不慣你的人，會認為你不真實。

性格爽直是個優點，沒有人會對單純的人有異議，但一定要真實。真實的人不管有什麼樣的缺點，都會更容易被包容和體諒。

感情：無理取鬧的任性小孩

命數 3 的孩童氣是既可愛又可氣，可愛起來率真好相處，可氣起來，那種無理的任性取鬧又讓人無可奈何。往往，你把可愛的一面留給了保持距離的人，而把可氣的一面施展給了親近的人。

你是個真誠而認真的戀人，一旦愛上某個人就會全心全意投入進去，並且相當執著。3 是陽性數，處在主動、主導的位置，任何一個屬於男性的數字（奇數）都必定有「以我為中心」的意識。

命數 3 表現在自我方面仍舊是孩子的狀態，一邊依戀對方忠心耿耿，一邊又有諸多不滿。不滿來自於要求過高，比如說，開始憑衝動和熱情喜歡上對方，他（她）的一切你都無條件地認可，但在相處過程中，你越來越敏感，需要被讚美，被關注，很怕片刻的冷落。你常會主觀地去揣測對方的態度，一旦得不到讚美和關注，就會找藉口引

起衝突，也許言語刺耳，也許虛張聲勢，大不了用發脾氣撒野釋放不滿。

命數 3 的你，情緒變化無常，心情好的時候和心情糟糕的時候完全是兩個不同的人。當你任性的時候，有一種毀滅性的「魄力」，完全不考慮後果，更不考慮別人的感受。這就像被寵壞的孩子，越有人哄越會無理取鬧。

任性的原因雖然五花八門，可是最致命的一點就是沒有被關注。小孩子很小就懂得如何讓大人關注自己，哭鬧也是一種引起別人注意的方式。有的小朋友東西掉到地下會哭，東西不好吃也會哭，無非就是告訴大人，「我要你們記得我的存在」。命數 3 就有類似的特點，特別怕被忽略，很需要在感情中被肯定，因為你是靠外界的認可來尋求情感安全，而不是從自己的內心尋找安全。一旦伴侶的態度稍微有偏差的話，對你來說，就意味著「我被否定了」，於是你的任性就肆無忌憚地爆發了。

你很浪漫，對自然的緣分相當嚮往，但又經常衡量現實問題，搞得自己很亂。舉個例子，你愛上了一個藝術家，你欣賞與眾不同的人，可是當與對方相處後，又會調動出你對物質的需求，考慮的都是現實問題，這又會與你選擇的人相衝突。所以，假如你要 LV 包包，就不該找藝術家談戀愛。

在情感方面你不成熟，幼稚是命數 3 的致命傷。選擇一個比你成熟的人，既欣賞你，又如父母親那樣包容你，這才是你需要的安全感。男女之間的情感並不複雜，不需要技巧，只要具備選擇的能力，你的壞脾氣，你的任性，你的無理取鬧，這些負面能量都會被降到最低。

數字之間的「化學反應」

當命數 3 者的生日中 1 能量過大時，要注意過分樂觀這個現象，以避免樂極生悲，太愛表現而不夠實在。

當命數 3 者的生日中 2 能量過大時，為人會非常感性和情緒化，反而失去了 3 的樂觀。

當命數 3 者的生日中 4 能量過大時，容易悲觀，愛鑽牛角尖，常常哪有死胡同往哪去。

當命數 3 者的生日中 5 能量過大時，因 3 和 5 都是變動數字，會表現為接受能力強，同時也會加強其性格中變化無常的特點，好奇心重，相當愛玩樂，晚熟。

當命數 3 者的生日中 6 能量過大時，為人會十分熱心，愛關注八卦是非，愛批判別人，也愛用幼稚的言論勸導別人。

當命數 3 者的生日中 7 能量過大時，靈氣更足，但會懷疑自己的分析和直覺，無法信任自己的判斷，並往往過於關注事物的陰暗面。

當命數 3 者的生日中 8 能量過大時，能快速從挫折中振作，愛用語言操縱別人，但要留意自己投機取巧的行為。

當命數 3 者的生日中 9 能量過大時，會盲從一些新生事物，喜歡放大想像，尤其是愛逃避現實。

命數 4：有非凡志向，才有非凡成就

「有非凡志向，才有非凡成就。」這句話來自世界首富比爾・蓋茲。之所以用比爾・蓋茲做命數 4 的榜樣，是因為他就是命數 4 的人（生於 1955 年 10 月 28 日）。

比爾・蓋茲是一個商業天才，13 歲開始編寫程式，並預言自己將在 25 歲時成為百萬富翁。他有一個幸福的家庭，父母完全支持他的選擇（命數 4 的人擁有和諧家庭是其成功的關鍵一步）。大學三年級時毅然離開哈佛大學，投入到和好友一起創辦的微軟公司當中。1975 年電腦在全世界還沒有普及，他的卓越遠見就幫他樹立了「非凡志向」。但僅有志向還不夠，「成功開始於想法，但是，只有這樣的想法，卻沒有付出行動，還是不可能成功」。這句話剛好就展現了命數 4 的執行力，他主張立竿見影，說做就做，並堅持到底。

連續 35 年，比爾・蓋茲始終列於世界首富的位置，也從未更換過職業，這便是命數 4 的持續力。他在 53 歲時又毅然選擇了光榮退休，並把大部分資產捐獻給了慈善基金。比爾・蓋茲是慈善家，迄今為止已經為全世界的慈善機構捐款 290 億美元，而他自己的生活卻以簡樸著稱。

從比爾・蓋茲身上，可以看到命數 4 的人生方向：先有志向建立信念，然後立即執行，再善用天賦分析力和管理能力，當達到目標時，金錢已經成為一個美妙的工具，可以去幫助更多的人。

命數 4 不允許有任何投機之心，必須一步一腳印地靠實幹往前走。儘管一路上危機四伏，但你每攻克一個困難，就離成功又近了一步。

務實

你有白手起家的能力，這完全來自務實的心態。當一個人肚子餓的時候，根本沒有任何精力和能力去做自己喜歡的事，甚至人在沒達到溫飽的階段，精神會被摧毀，會扭曲。你的本能就是先解決最基本的生活問題，然後才會想下一步，所以你的人生總能從現實出發。

重秩序

你很怕混亂，不論事業還是生活，必須有條理，按部就班。你是一個有規則的人，總是先學會走，然後才學著跑起來，然後才學著飛翔。一旦位置錯亂，你的生活節奏就會「跑調」，讓你感到失去安全感和重心。所以，不管別人怎麼看，你自己適合的方式就是慢工出細活，對任何目標都是有計畫地一點點去完成，任何操之過急都會阻礙你走向成功。

踏實可靠

你有種美德就是要做自己有把握的事，從而給人一種信賴感，你從不會隨口為了面子或其他目的去忽悠別人。你做事很踏實，一心一意，即使有一堆的愛好在旁邊分散注意力，但歸根結蒂，你的大方向還是集中在重要的主業上，其他那些喜好反而都會成為輔助力量。

組織力

你有神奇的善於組織的能力，即使你剛到一個公司，只要分配給你重任，你就能合理地運用人才，並將他們凝聚在一起。你就像一個

堅實穩固的橋樑,無論在哪個環境都能成為中堅力量,協調著整個局面的發展。

持久力

你具備堅持的恆心,為了生存和成功,你可以去做別人認為不值得的事。尤其是當別人還像無頭蒼蠅時,你依然會很清楚自己要什麼。為了自己想得到的一切,你什麼都能忍耐堅持,並全心全力投入進去,直到實現目標。

執行力

光說不練是你最難接受的處世方式,你有一種急躁展現在行動力上,這剛好會帶動你「說了就做」的執行力。你不達目的不甘休,想到某個計畫就會立即執行,同時你也希望身邊的人和你一樣,所以執行力會讓你成為團體裡最有說服力的人,並且能始終堅持你想要的目標,腳踏實地去努力。

樸實厚道

你做人有自己的原則,一是一,二是二,沒有模稜兩可的態度。這一點會給你帶來好口碑,浮誇不實的行為與你無緣,所以當別人評價你時,總會聯繫上「老實人」或者「可靠的人」這樣的評價。

重視細節

你看問題是看細節,這與你頭腦的精密分析力過強有關,你很清

楚任何事都是從「小」看「大」，因此，你的察覺能力都來自細節觀察。假如一個人信誓旦旦地與你合作，不論吹得多大，你都能從細節入手分析出其利弊與可行度，這一點會讓你不容易受騙。

家庭穩定

家庭的和諧穩定是你成功的必備基礎，一旦家庭關係危機四伏，最能成為讓你人生動盪的因素。可以說，家庭的力量決定了你的奮鬥動力，決定了你人生的成敗。

保守頑固

因害怕改變帶來的不安全感，你很不喜歡變動，這往往會造成你不知變通，不敢嘗試新的方向，永遠都走在老路上，即使走不通，也還是要堅持。傳統的人能保持美德，但假如思維過分保守的話，那就很難跟上時代的腳步，從而拒絕接受新事物，拒絕別人的新觀念，久而久之，你就成了老頑固。

吝嗇

你有面對現實的能力，但這個尺度也要把握合適，不能把務實心用力過猛到一切向錢看的地步。錢少的時候你吝嗇算計，生怕別人佔你便宜，錢多的時候你又怕花完了怎麼辦？過於務實只能讓你侷限在省吃儉用的生活水準上，而且根本賺不到錢。大家都知道金錢是創造出來的，需要流通，沒聽說過某人的財富是賺出來的。所以，你越是怕沒有錢，可能就真的沒有了。

你非常抵觸別人的批評，尤其是直接的建議，你很難接受，這常會造成你很激烈的反應。你習慣防禦任何對你不利的因素，包括人，這都是造成不安全感的關鍵所在。心胸狹窄是你的致命傷，你糾纏細節，忽略大局，只接收對自己有利的資訊，而無法接受任何不利因子。當聽到反對言論的時候，你很難去思考為什麼別人會這樣看自己，而總是先把心裡的門關上，然後憤怒回擊。

缺乏安全感：你的安全感是一個四方的盒子，所有的原罪都產生在這個盒子裡，見稜見角，裡面沒有圓，只有角落。為了安全你會把這盒子當作監獄，把自己反鎖在裡面成為囚犯，即使角落裡佈滿了垃圾灰塵，你也不想改變。沒安全感的你，不信任外面的世界，寧可躲避在「監獄」裡虛耗人生，這就是最悲慘的命數 4。

深層解讀命數 4：

本質：重視次序的求生者

安全感是命數 4 者一生關心的重點，人生的動力與阻力同樣因安全而生，所以命數 4 的人做事謹慎，小心翼翼，遵守自我秩序，既有章法，又顯得古板，但這也是命數 4 步步為營的特有方式。

西方有句著名的諺語，「機會總是留給有準備的頭腦」，這句話針對數字 4 的人來說再合適不過。

你做事的方式就是一切要在準備妥當的情況下才會行動，這就讓你看起來比較沉得住氣。假如把你比喻成戰場上的戰士，你並不是衝在最前面的那個勇士，你總是先要檢查好身上的彈藥是否充足，所處的位置是否有利，敵人離你還有多少公尺的距離，這些你都會快速地

計算出來。在戰友衝鋒陷陣的時候，你會將自己埋伏好伺機而行。這並不代表你是個膽小鬼，你只是想透過周密的防禦，既能保全自己的性命，又能穩準地消滅敵人。

你的人生準則永遠離不開「安全」二字，這既是動力也是你幸福的來源。為了時刻保全生活的安全性，你很務實，懂得生存的根本離不開物質的穩定，假如給你一段只有名譽但居無定所的日子，你很可能會驚恐度日，惶惶不安。你是個重視實有的人，相信物質的豐富能給自己和家人帶來穩定感，所以你是可靠的、有責任的，而且不喜歡講空話，總是老老實實地去執行自己的計畫。

你是個出色的組織管理者，有能力將混亂的次序整合得有條有理，並且努力工作，不懶惰，這一點會讓你在各個領域得到認可。你有一種堅持的力量，靠的是理性的思考方式，精密的計算頭腦，以及穩紮穩打的處世作風。一旦認準了要走的路，就會持續到底，不會輕易有所變動，尤其在職業的選擇上。當然，這也會帶來諸多不利，比如你會死守某一份工作而不願變通，這往往會造成過度依賴經驗，故步自封，一邊不滿著環境和待遇，一邊又下不了決心離開以改變這一切。

你給自己設置了不少條條框框，你的理由總與一些所謂的常規標準有關，比如，20 歲的時候我應該如何，30 歲的時候假如還沒有結婚，那是不正常的，40 歲要是還沒有事業成功，那是叫人沮喪的……等等。你頭腦裡存在太多的限制，都與「次序」這兩個字有關。自我次序一旦打亂，你就會對自己的能力持有懷疑的態度，這是最束縛你手腳的東西。

能量：警覺的精算師

人的思考模式有兩種不同的傾向，一種喜歡沉浸在「虛有」當中，虛有的人是夢想家，逃避現實，而另一種不相信夢能給自己帶來什麼「好處」，因此會比別人更加看重「實有」。命數 4 者的天賦之一就是觀念實際。

安全的建立對你來說會激發出無窮的能量，這是你走向順利的前提。

你安全的基礎是從家庭開始的，家人的愛與支持對你來說是個強而有力的定心丸。假如你出生在一個愛心匱乏或父母終日為錢擔憂的混亂家庭，你的安全感生來就非常低，這直接會給你成年以後帶來諸多障礙，如恐懼貧窮，在錢的方面吝嗇，以及把安全感寄託在別人身上，對未來有莫名的擔憂。而假如你從父母那裡就獲得了愛與物質的安定，那麼成年後你穩健踏實的優勢就會順勢發揮出來，也少了很多不必要的謹小慎微。所以，你的第一步非常重要，這是你的根基，就像蓋房子，地基打得堅固，房子才能夠堅實可靠，這樣才能滿足你心理上的安全需求。

危機意識是你本能的一種警覺，畢竟你所有的出發點都來自「這樣做是否安全」。開車的時候，你很怕走陌生的路線，總是要選擇你熟悉的，不然會感覺不踏實；出門在外，錢一定要帶充足，不然一路上你都在擔心「萬一不夠怎麼辦」「萬一開銷超過預算怎麼辦」；朋友求你辦事，什麼事都可以幫忙，但唯獨很警惕借錢，一旦礙於面子答應了，你後面的日子可就圍繞著「怎麼不還我錢」開始了。不安全感帶來的算計讓你看起來是有點「小氣」，你的弱點就是生活裡隨時都有不安全因素，所以要處處提防。

　　你的人生之路從一開始就是緩慢前行，你小心謹慎地計畫著，按設想的次序去完成每一步，盡可能地按部就班。你並不相信天上會掉餡餅這樣的好事，即使真的有餡餅從天而降也會嚇壞你，「這餡餅會不會有毒啊？」這會讓你琢磨上好幾天。

　　思維上的保守也會造成你的開創精神不足。當某件事需要你冒險才能有收穫的時候，儘管你有能力完成，可是盤算了一圈後，種種「危險」的可能性被你懷疑了個遍，最後不安全感還是佔了上風，於是你最終還是決定放棄。

　　第一次對你相當重要，這是你運氣的開端，好與壞、走運與不走運都與第一次有關。命數 4 者是實幹家，是工作狂，只要出師得力，並得到物質回報，後面的路都可以穩定地走下去。

人際：誠實樸實的老頑固

　　命數 4 者是忠誠的朋友，有一種樸實的味道，很值得人信賴。只不過，命數 4 在人際方面同樣是把安全放在第一位，並不接受讓他們產生不安全感的人。哪怕是從小玩到大的夥伴，一旦發現對方不可信，命數 4 者可以當即放棄。

　　你生活裡一見如故的朋友並不少，開始時會很誠懇地欣賞對方，也會熱情地把關係搞得很親近，像是老相識一樣。但你的道德感非常重，有自己的一套準則，某個朋友一旦出現了讓你難以接受的行為，你會立即從熱情降為疏遠。

　　你很自律，有做人的要求，也會把這些要求當成衡量朋友的標準。比如說，你非常看重一個人為人是否實在，當你某次發現此人滿口大話愛吹牛的時候，突然你就會感覺很反感這個人，哪怕之前你們

稱兄道弟，此時你也會毅然決定以後不再跟他有什麼往來。也許那位朋友只是一時的愛面子心理作怪，並非想傷害誰，但這依舊會讓你很不爽，會觸動你心中的道德準則，從而你會直接懷疑此人的人品是不是有問題。你愛吹毛求疵，糾纏細節，是非分明，有嚴重的完美主義，所以在別人眼裡，你缺乏彈性，也比較死板。

你認識的人可不少，多數都是過客，但只要是你認可的朋友，關係就會很牢固，且都是在交往過程中接受過你檢閱過的人。在你的世界裡，朋友不是嘴上說說而已，那是值得信賴的至交。對這樣的人，你感到非常安全，從不設防，出手也比較大方，忠誠而懂得欣賞對方，並且實實在在地樂意為對方做任何事。但對你來說，大多數人都不太可交，都有這樣那樣的毛病，即使面和心也不和，對他們你總有不滿意之處。尤其是那種愛給你提意見的人，最能激怒你。

你固執起來完全不通融，說話硬梆梆，把心門關得緊緊的，相當氣人。其實性情固執的人不只有命數 4 者，幾乎每個數字都有固執的特點，而命數 4 的固執主要是來自防衛意識。假如有人說「你這人不聽勸早晚要吃虧」，命數 4 者首先條件反射的是「我比你清楚，用得著你指點我嗎」，但這話你不會說出口，而會找很多理由去抗拒對方的建議。

感情：笨嘴的行動派戀人

命數 4 者的感情也是實際的、保守的，假如能叫命數 4 的人移情別戀，沒別的，一定是對象那個人出了大問題。

不管怎麼說，你還是屬於有點羞澀的人，尤其在陌生人面前多少有點放不開，除非工作需要你釋放表現慾。

在感情中也一樣，你是個有責任心、可靠的伴侶，並且相當傳統。你從小對家庭穩定就有自己的渴望，擇偶標準也是從安全出發，這個人是否像家人一樣值得信賴，是你考慮的前提。一旦認準了就不容易動搖，只想盡快成家相守在一起。

你最不擅長的就是甜言蜜語，也不太懂得如何取悅異性。喜歡一個人時，你的表現就是實際行動，會毫無怨言地為對方做這個做那個。你打動戀人的方式很難與表面的浪漫有關，比如花費財力、腦力製造驚喜，在你這裡，與其搞那些不實惠的花樣，還不如為心愛的人做頓飯更能表達愛意。

你對伴侶有責任感，但責任感有時也會與愛相混淆。例如，如果兩人關係中出現不和諧的因素，往往你想的會是「我應該」，而不是「我需要」，同時你也會把這種「應該」強加到伴侶的身上，希望對方也如你一樣處處有準則。你的責任感付出越多，難免越會形成操縱控制，這不僅會給別人造成壓力，更會讓你自己也喘不上氣來。

實際與安全是你時刻要考慮的條件，若內心的安全感不夠的話，會導致與你的需求相反的事件，如花心。這並非是你想要的，你也並沒有招蜂引蝶的興致，但心理的不安全感會讓你本能地四處尋找安全感，以此獲得些暫時的溫暖。

「家和萬事興」對你來說相當重要。當你有一個好丈夫、好妻子、好戀人的時候，你整個運氣都在往好的趨勢發展。相反，假如你選擇了讓你感覺不安全的人，那麼你的運氣也會相對地走下坡路。

數字之間的「化學反應」

當命數 4 者生日中 1 能量過大時，容易輕信他人，你創業的雄心很大，要小心奉承帶來的閃失。

當命數 4 者生日中 2 能量過大時，容易太過緊張，對大局把握不足，過於計較細節上的問題，情緒非常敏感。

當命數 4 者生日中 3 能量過大時，最需要注意的就是無耐心造成的半途而廢，這是命數 4 的大忌。

當命數 4 者生日中 5 能量過大時，會粗心大意，不切實際，惰性強，可是又相當缺乏物質安全感，這會給你帶來很不安的情緒。

當命數 4 者生日中 6 能量過大時，道德感會過強，對與錯是非分明，很難接納自己和別人，容易造成與人無法溝通的情況。

當命數 4 者生日中 7 能量過大時，會擁有精密的分析能力，理性和疑心更重，但也更適合研究工作。

當命數 4 者生日中 8 能量過大時，最突出的特點就是愛錢，有生意頭腦，物質慾望會是你無法迴避的人生動力。

當命數 4 者生日中 9 能量過大時，你的幻想力會阻礙務實心，容易逃避內心的真實需要。

命數 5：只為「逍遙遊」

近幾年隨著《秘密》一書的風行，西方人對宇宙的看法也開始廣為流傳，但無論那些睿智的老外們如何站在超我的角度看待萬物，不過都是在莊子之後拾人牙慧。莊子於千年前就提出了宇宙與人的關係，他認為是道給了我們形貌，天給予了我們形體，我們要做的只是不要因為好惡而損害自己的本性。他以人的完整生命為起點，來思考「人應當度過一個怎樣的生活旅程」這個基本的生命課題。這也是道家的生命哲學，莊子的《逍遙遊》為「自由」一詞奠定了思想基礎。

世人對莊子的評價都大體如下：「生活貧窮困頓，卻鄙棄榮華富貴、權勢名利，力圖在亂世保持獨立的人格，追求逍遙無待的精神自由。」莊子的確切生日無從查找，但他的精神與命數 5 是如此的吻合。從資料記載看，莊子正直、率性，對現實世界有著強烈的愛與恨，與世無爭並非他修身養性的結果，而是天性就不願受任何非自然力量的限制。有人研究莊子學習莊子，但假如天性不具備自由精神的話，說教過多就成偽，憑空談論精神自由，結果只會是「口說無憑」。

讀莊子的文章會感受到他豐富的想像力，他喜歡生動地打比喻，充滿幽默地諷刺，在無規則當中形成自己獨特的語言風格，這也是命數 5 的特徵。「泉涸，魚相與處於陸，相呴以濕，相濡以沫，不若相忘於江湖。」泉水乾了，魚被困在陸地之上，互相吹鰓上的水泡，互相潑殘存的泉水；這種情況固然很感人，但是還不如在江湖之中暢遊，忘記對方的存在。這是一種追求自由的思想展現，也是命數 5 的追求。

自由也就是自然，與宇宙合一，順從天道，順其自然，而不是任

性散漫。命數5的人恐懼壓力，而壓力往往也是自己給自己帶來的業障。實現身心自由是一種極高的心智功力，也就是能隨心所欲地掌控自己的人生。

有人說，自由的概念就似太極，一面是為所欲為的陽，一面是自律和他律的陰，陰陽結合，相互轉化和制約才是真正的自由。這正是命數5畢生的學習方向。

冒險精神

你無法忍受一成不變的生活，包括乏味的、無趣的、落後的、保守的、所有與「陳舊」相關的事物。你勇於冒險，勇於放棄重組，也許你正從事著別人羨慕的職業，可是當有一天你厭煩的時候，你能當機立斷離開去尋求新的挑戰。你有難得的勇氣，沒有過多的衡量和猶豫，只要想到了，就能立竿見影，但前提是興趣大於目的。目的無法叫你冒險，只有高昂的興趣才能調動出你那絕佳的勇氣。

堅持自我

你很難被別人的觀念干擾，即使有時也在乎別人的看法，但當你想清楚自己的需要時，即使無數人反對，你也依然能堅持自己。這種堅持是一種方向感，不論對錯，你要的是自己來掌握方向，走的是自己的路，而不是他人的。也許你的方式沒有一定的規則，可未必就不可實現。能堅持自己的人，是有立場的人，也是有主見的人。

多才多藝

　　新奇的事物會吸引你的眼光，你的探索心很強烈，一旦對某件事產生濃厚的興趣就會深入其中。你尋求知識的力量，使你能適應各種角色，甚至可以在跨度很大的不同職業之間遊刃有餘。如你是個廚師，可是也許有一天你就成了木匠，轉變得完全不突兀和勉強，也可以在這兩個身分之間從容周旋。這除了和天賦中潛伏的能量有關，再有就是因為你勇於突破自己。

傳播者

　　你喉嚨發達（喉嚨對應的即數字 5），善於演說，說服力極強。儘管命數 3 和 5 都是善於表達的人，但這其中有很大區別：命數 3 重點是在情緒表達，方式是感性的直接的，注意力是外界對自己的關注；而命數 5 的表達在於自身的完整，注意力是從自己的經驗出發，由心釋放出來的溝通。所以，命數 5 的人在表達上更具備說服力，他們的表達生動形象，能給意志不堅的人增加力量。

隨遇而安

　　當別人都在追求名利時，你的慾望卻不在世俗標準內，財富和地位不是你的夢想，精彩地過著當下的生活才是你需要的「成功」。人生閱歷的精彩對你來說，比家財萬貫更有成就感。然而，一旦能夠擁有豐富的經驗，名利或許不請自到。適合你的方式就是隨性自然、順勢而為。

實現自由

當你能隨意掌握自己的心時，你會發現煩惱、困難、挫折、悲傷都是必要的人生課題，面對它們你只有接納。在任何狀態下，你都有主宰自己的能力。大道無為，不妄為，是命數 5 最理想的境界。

逃避

命數 5 最大的恐懼就是壓力，但生活中壓力無所不在，逃避壓力只能叫你無處藏身。你討厭一成不變，你不喜歡規則束縛，可是假如你不接納壓力的話，命運就會捉弄你，讓你一邊心猿意馬，一邊煩惱不堪。而逃避的後果就是運氣形成惡性循環，你想擺脫壓力，可是更大的壓力卻接踵而來。

惰性

你缺乏責任心，而責任對你來說也是壓力之一，於是轉化到行動上就是惰性。當負面能量較強時，你即使在生活最窘困的階段，依舊懶惰成性，不願意工作，不願意付出辛勤，把難題拋給家人或最親近的人，讓他們來承擔你應負的責任。

善變

由於你跳躍型的喜好和思維，加之不負責任的行為，會造成你善變的傾向。三天打魚兩天曬網，完全沒有持續性。你某天喜歡上種花，你會把所有的精力都放在學習種花上，可是沒多久你又被釀酒吸引，於是你馬上扔掉所有的花，又投入到釀酒上。你就是這樣變來變去，

浪費資源，看似忙忙碌碌，最後一無所成。

虛浮

你有語言的優勢，表達能力強的人往往有影響他人的磁場，只不過，假如你的觀點偏激，思維消極，就會給他人造成誤導。愚蠢是命數 5 最可怕的敵人，一個沒有覺知並自以為無所不通的人，給人的印象就是浮誇而滑稽的。

偏執

幾乎每個數在低層能量階段都有偏執的問題，命數 5 的偏執來自過度堅持自己的主見，那種寧死不屈的強硬會讓你頭破血流。偏執的人不通融，抵觸所有的反面意見，只不過，任何堅持的前提都應該是自己擁有正確的觀點。

衝動

有句話叫衝動是魔鬼，你剛好有此類魔性。你有散漫氾濫的毛病，情緒化非常嚴重，完全隨性而不顧全大局。想得到什麼恨不能立即實現，想說什麼馬上要脫口而出，一時間的衝動會給你帶來錯誤的選擇，或者無意中就搬弄了是非。學會深思熟慮是你需要修練的課題，沒有規矩不成方圓，人不能隨意到這個地步。

深層解讀命數 5

本質：尋求自由的「折騰家」

命數 5 更具備「人」的天性需求，就是隨心所欲做自己。命數 5 就像能七十二變的孫悟空，怕約束，也無視紀律，隨時可以變成另一個人，可是無論如何不羈，都難逃出如來佛的手掌心，而這個「如來」也是你自己。

你是心智比較高的人，有自己的想法，很在乎「我喜歡什麼」，而不是參照「別人在喜歡什麼」。你具備數字 2 的感受力和數字 3 的跳躍性，所以你有多才多藝的潛能，只要某件事調動出你那旺盛的好奇心，你就會奮不顧身地投入進去，沒有任何理由，只有「我喜歡」。但當你不喜歡之後，也會乾脆俐落地置之不理，同樣也沒有任何留戀。新的興趣點隨時在召喚你進入進出，所以你的人生起伏跌宕，折騰來折騰去，沒個盡頭。

你的挑戰非常多，一輩子都在迎接新的挑戰當中，職業的變換也是突如其來的，只要你感應到的都會嘗試去做。很多人認為一個人做事沒有長性是一種性格缺陷，但這個問題要因人而異去看。有的人靠技能吃飯，一招鮮吃遍天，緊守著看家本領以確保生活的穩定性，而你必須在體驗不同的事中尋找自我價值，同時也在探索的過程中找到最適合自己的那條路。命數 5 要的不是穩定，而是多姿多彩的人生經驗。

你算是情商（ＥＱ）型的人，可以按心意去主宰自己。人人都知道用心去做事會得到收穫，而這個用「心」的能力並不是人人具備。你總是期待著「我心中怎麼想就去怎麼做」，你要的就是這樣的自由。可是這話說起來簡單，做起來相當有難度，畢竟大多數事情由不

得你。你喜歡玩遊戲，可是這無法成為你生存的手段；你喜歡當醫生，可是你的職業偏偏不是醫生；你想雲遊四方，但是銀行卡裡沒有足夠的盤纏……這一切都會叫你感覺到「不自由」。

你只能掙扎在「我要」與「我不要」之間，經常會有極端行為，以此反抗你得不到的人生。要嘛懶惰成性，依賴別人，要嘛就玩世不恭，散漫放任。你往往忽略了一個重要的因素：真的想自由嗎？先問問你自己是否夠獨立，不管物質上還是精神上。若還沒有達到獨立的能力，自然你想做什麼都做不到。

學會真正的獨立才是你進退自由的第一步，而你獲得獨立的途徑就是施展你那旺盛的精力，從變化的人生當中得到啟發。

能量：不按常理出牌的變色龍

命數 4 是有次序有規矩的人，而命數 5 剛好相反，既無次序也無規矩，討厭任何限制，這是你命裡的緊箍咒。

從小你就不喜歡規則束縛，父母的管教，老師的要求，學校的紀律，這都會讓你心生抗拒。成年後走入社會，約束你的條條框框也越來越多，這些標準與規則時常會讓你心煩意亂。

你最大的夢想就是能隨心所欲地安排自己的生活，不用上班，想做什麼就做什麼。朝九晚五的上班族生活對你來說是種痛苦，每天早出晚歸，還要被上司管理著，被一堆規矩束縛著，這叫你苦不堪言。對你來說，按部就班的生活等於行屍走肉一般，了無生趣。

有個老動畫片叫《等明天》，說的是一隻猴子被暴雨淋得渾身發抖，於是牠發誓賭咒「我明天一定造一座房子」。太陽出來了，猴子玩性大發，唉，這麼好的天氣何不好好玩玩呢？房子等明天再蓋吧！

每天都是如此，猴子給自己很多藉口「等明天」，結果在下一次暴雨來臨的時候，猴子依然過著狼狽不堪的日子。你就是那隻「等明天」的猴子，惰性很強，一點都不勤勞，今天的事拖明天做，明天的事拖後天做，總有很多藉口逃避現狀。

你有個矛盾面，內心嚮往瀟灑獨立，可是依賴性卻很強，你既不喜歡賺錢又很愛花錢，愛好還特別多，喜歡的東西都是高品質，眼高手又低。

你不懂得如何規劃自己，雖然樂意打破規則常理，但行動的方法是情緒化的，太過隨性，不安分令你時常有戲劇化的經歷。你怕壓力，任何壓力都是你的牢籠，會限制你的創造力。例如，明明你面對考試胸有成竹，這時候假如父母一再叮囑：你必須考好，我們的期待都在你身上。——完了，這句話成了你一大壓力，馬上會有叛逆心理產生，連自信也沒了，而且還會把考試當作最反感的事。這壓力就是你所恐懼的限制，也會成為你不負責任的理由。

當你有不可靠的舉動時，除了說明某些方面給你施加了壓力，但同時這也來自你有擅長偽裝的能力。你的偽裝並非惡意，只因你恐懼平凡，在你的意識裡，把自己看得很高很大，就像一個公眾人物（尤其在你不起眼的階段）。比如你非常想當電腦高手，當然也擅長那麼兩下子，於是你就給自己編織了一個假想的外衣，經常會對不瞭解你的人自稱「我是駭客」。這是你的一種虛榮心，以此來遮掩「我不是駭客」的事實。而虛榮心的根源是對自我嚴重缺乏自信，你的泡泡糖吹得越大，壓力也就來得越猛，這會叫你的生活混亂一片。

你就是個變色龍，忽紅忽綠，除非你具備真材實料，在各種角色中玩得遊刃有餘，這會得到藝高人膽大的稱讚。而到了這個階段，你

或許真的成了公眾人物。

人際：怕承諾的主見者

命數 5 的人並不喜歡與人對立，基本上都是給人印象不錯，但對方隨後就會發現，其實你對人是比較苛刻的，這完全取決於「緣分」。

你不是個社交高手，甚至可以說，你是封閉的人，並不喜歡四處結交朋友。但在人生當中你會與各種人結識，這完全取決於你的經歷，在某個場景當中你會對周圍的人產生探索的慾望。哪怕你是個極其清高的知識份子，在旅途中你亦有可能會與青年或者農民、工人相識。這些人不會成為你的朋友，但他們會是你生命中重要的過客。他們的出現能啟發你對生命的感悟，而你的經驗和閱歷並非來自書本，很多時候靠的就是從自身閱歷和周遭見聞中獲得的經驗。

你很有主心骨，這是來自數字 5 特有的心力能量，所以被你吸引來的人多半都是缺乏心力的人，他們跟你在一起會獲得信念和方向感。即便是你自己遇到了麻煩，正不知進退，但對於別人的迷惑仍然時常有靈光乍現的說服力。

你好惡分明，「我喜歡」與「我不喜歡」界限清晰，這就會讓你看起來立場鮮明，有自己的態度。你並不嚴肅，而是個幽默的人，模仿能力很強，口才出色，這是你的魅力所在。

你的頑固也是出了名的，主要來自你「不喜歡的事」，不論這件事有多大的好處，你一旦不認可、不接受，甚至連好奇心都勾不起來的話，就會堅決抵抗，刀槍不入。相反，遇到你認為值得稱頌的事情，反而會著重到處遊說，也會強加於人。比如說，一個命數 5 的人經常對人大談佛教的好處，對方越是表示沒有興趣，此人就越要苦口婆

心地說服。即使本來是比較安靜的一個人，在這個話題上也就突然變得愛說教、滔滔不絕起來。這不免讓聽者心生厭煩，恨不能逃之夭夭。

你所認為的壓力有太多種，對你太關心是壓力，對你冷淡也是壓力，儘管你喜歡標榜自由萬歲，可是你做不到拿得起放得下，不知如何平衡壓力與自由之間的關係。你明明不喜歡和一群人去聚會，但又拉不下臉來讓別人掃興，於是你會委曲求全答應下來（數字2的配合）；但等到了那一天，你有可能還是堅持了自己心的選擇，乾脆就不去了，徹底逃避（數字3的多變）。

被動的承諾，都會成為千斤重擔，給你製造出諸多的不自由。其實，自由完全任你自己掌控，與別人無關，假如你真的認定「我不喜歡」的話，勇於拒絕沒什麼大不了。

感情：冒險家的愛情

命數5的人愛情帶有冒險性質，也就是說，與普遍性的戀愛婚姻模式有所不同，你更樂意接受挑戰與打破常規。只是，命數5的人常常混淆「自由與規範」的關係，也難以把握「獨立與依賴」之間的平衡。

有個成語叫「心心相印」，靠心念尋找伴侶的人自然不會去盲目地順從父母的期許，在這一點上你有自己的堅持。你不在乎外界的看法，或許越是有人反對，你越要堅持到底。在擇偶方面，立場與主見給予你很大的幫助，這會叫你少了許多違心之舉。父母不同意就放棄，朋友不看好就動搖，這些都很難出現在你身上。在感情上你只信任自己的選擇，即使錯都錯得心甘情願。

在尋找愛的時候，渴望自由的你，一旦進入探索階段，便會出現

放任的現象，荷爾蒙旺盛，像個無頭蒼蠅亂飛亂撞。失戀與戀愛是家常便飯，你可以很認真，也可以很不認真，這完全取決於當時你的心處在什麼樣的狀態。假如你很想有個家，可是又把婚姻當作枷鎖，恐懼被家庭責任束縛住，這樣的矛盾只能說明——你還沒有準備好，你還沒有遇到合適的人，你對愛的理解還沒有成熟。

你的成熟不是來自年齡，而是來自經驗。無頭蒼蠅的經歷恰好是你走向成熟的必經之路。當你愛上一個人的時候，會在短期內為對方改變，甚至表現出迎合的舉動。例如，你習慣不修邊幅，但為了喜歡的人，卻會努力地改變自己以投其所好；你不喜歡做飯，可是你喜歡的人要求你擅長烹飪，你就會為了他學習一切美食知識……但這情形你堅持不了多久，就會感到厭倦，畢竟這不是真實的你，而是「表現」，是假的。你會感到極大的壓抑和不滿。但也許下一段感情依舊有這樣的狀況發生。於是，在這種迎合和厭倦中，你的經驗產生了，你逐漸清楚「我要的不是要求我改變的人，而是給予我自由的人」。

即使有觀念保守的命數 5 之人早早地結婚生子，毫無特別經歷可言，半路也會出現不可預料的激情故事。因為如果你那旺盛的好奇心與探索慾還沒有施展過，難免會在未來的路途中彌補尋求經驗這一課。

命數 5 的人在相處時需要獨立空間，即使走入婚姻也必須有自己的世界。一旦形成依賴的狀態，彼此都會受到很大侷限，創造力全無，生活散漫，運氣也會隨之走入負面階段。你需要避免的是膚淺的關係、柴米油鹽、金錢上的算計、相互控制、強迫的責任，這些都會增加你遲早逃跑的可能性，以及造成你運氣上的低谷。

數字之間的「化學反應」

當命數 5 的人生日中 1 的能量過大時，會相當有自己的主見，但要留意自由意識的氾濫，尤其是在尚未獨立的階段，可能是讓家長頭痛的叛逆者。

當命數 5 的人生日中 2 的能量過大時，會重視感官享受，但惰性更強，容易有好吃懶做的問題。

當命數 5 的人生日中 3 的能量過大時，容易聰明反被聰明誤，當意識到自己太聰明的時候，常常就淪落為愚蠢了。

當命數 5 的人生日中 4 的能量過大時，容易進退不自由，內心總有限制自己的一些道德準則。

當命數 5 的人生日中 6 的能量過大時，要時刻留意不要做超出能力的事，因 6 愛自找壓力，而 5 是抵抗壓力，不然心會很累。

當命數 5 的人生日中 7 的能量過大時，愛顛覆傳統規則，但比較獨立，不善與人群打交道，在機會面前常常退縮。

當命數 5 的人生日中 8 的能量過大時，會非常清楚自己的目標，但要小心自我放縱，以及對某些事物上癮。

當命數 5 的人生日中 9 的能量過大時，會害怕束縛，容易逃避現實，尤其是感情上，對單戀的執著會讓你為「愛情」付出巨大代價。

命數 6：仁愛、仁心、仁慈

實在找不到一個典型的人物來詮釋命數 6 的使命，能立即想到的只有愛神維納斯，但她是神話，不是人。命數 6 的人生使命存在於內心深處，是關於愛與奉獻的課題，愛本質上為一個抽象概念，可以體驗但卻難以言表。

「愛」一字很形象，寶蓋和友字中間有一個「心」字，這不是用某個例子的表象可以描述的。在字典中，對「愛」的注解是這樣的：愛是一種發自於內心的情感，通常多見於人與人之間，人與動物之間。現今任何科學都不能徹底解釋人或動物產生「愛」的原因。

真正的愛是本能，是甘願無條件的付出，這是命數 6 者一生的學習方向。當你渴求愛又不懂得愛的時候，你會發現自己的路走得非常艱難，就如命數 1 的人希望創造，可是假如去做與創造背道而馳的事，反而會令自己看低自己，糾結在「我要，可是我達不到」的矛盾當中。再如，命數 2 的人最需要借用他人的力量一起前進，一旦孤身奮戰就會深陷無依無靠當中。而命數 6 想做的就是用奉獻愛來獲得自我價值，而且是在無怨無悔的前提下，假如在付出的天平上得失心過重的話，自然愛也不會流通。

儒家用「仁」來對應愛，這是一種摒棄私慾的愛，因此命數 6 的使命難度很大，是用情感之愛成就大我的一種精神意識。這就需要你先學會平衡自己的心，不能隨身總帶一把尺去衡量「我付出多少，能收穫多少」，這樣的命數 6 永遠都不會滿足。

數字 6 也代表圓滿、愛的真諦及美。當你能全然理解愛、付出愛的時候，美滿家庭、甜蜜愛情、財富，就都會源源不斷地靠近你。

善解人意

你是和平的仲裁者，你有協調他人的神奇能力，當兩方人馬相互衝突抵抗時，你的出現能緩和彼此的火藥味。你能站在對方的立場考慮利弊，讓凝固的場面緩和下來。重視和諧的你，具有親和力，關心別人，對人熱情有禮，懂得禮尚往來，給人的感覺如春風般溫暖。

責任心

不論有多高的理想，你首先都會考慮生存的根本。你常為安身立命做打算，居安思危，為家人、配偶、孩子打理一切，這是你肩負的責任。你對朋友同樣會產生強烈的責任心，會常提醒他們務實之道，以及孝敬父母之類的事情。

自醫力

很多人在關心命運的時候，常會忽略健康問題，而你非常看重健康的重要性，天生就對醫療具有天賦。或許你從小到大身體都不太硬朗，比其他人更清楚健康是一切的根本。你有自醫的能力，除了對醫學有天然的興趣之外，你的自醫能力還來自一種「愛的循環」。當你無私地關愛他人時，好的能量也會轉化到你的身上，這會成為一種積極的力量，即使你身體不適也會逐漸自癒。

施與愛

愛是你整個生命的支撐點，你渴望被愛，也願意真誠地愛別人。當你是一個良性能量的命數 6 時，你具備菩薩般的慈悲心，你見不

得別人遇到難題，總是義不容辭地伸出手提供幫助。你尊老愛幼，善良而有同理心。付出愛讓你感覺愉悅，無論你年紀多大，你都有長輩般的慈祥，噓寒問暖，關懷他人，經常會將他人的求助記在心裡。

美的使者

你對美有著獨到的眼光，總能發現生活裡的美，無論音律、文字還是視覺藝術，你都會從中獲得快樂。命數 6 者中藝術家、作家、建築師不在少數，6 也是兩個 3 的組合，這意味著你在表達力上有出色的能力。即使你與藝術無緣，在生活上也是重視美感的人，你會花心思把自己的家裝點得溫馨別致，並做得一手好菜（數字 6 有烹飪天分）。

勤奮實際

你勤勞務實，即使整天忙碌奔波也能保持旺盛的精力。支撐你如此勤勞的動力，就是如何讓自己生活得安穩，所以，你會努力賺錢，太過安逸的日子會讓你感到不安。你無法接受懶惰的生活方式，這種安逸只能叫你失去安全感。你善於在生活裡尋找各種動力，也許這些在別人看來是無法承受的壓力，但對你來說，它們正是推動自己運轉起來的發電機。

懂得愛

其實，說多少條命數 6 的優點，也不如這三個字最為有力。「懂得愛」會讓命數 6 的人在奉獻與收穫之間找到很好的平衡，這才是

你真正的成功根本。但這件事情有個殘酷的前提，就是是否懂得愛也有「天生」的因素，與性格、童年家庭有很大關係。

索取心

付出後的索取回報是你最難攻克的私心。當你對別人付出愛心後，你需要對方記得你的好，期待他感激你，並在你需要幫助的時候還你這個人情。一旦對方無動於衷，你會感到人情冷漠，甚至生出些許抱怨之意。這是因為你看重公平，希望將心比心，我對你如何，你也該對我如何，這樣的衡量只能讓你得到虛偽的罵名。

愛管閒事

你喜歡忙在別人的事情上，幫這個，助那個，即使人家不需要，你依然認為「我不能不管」。可是如此一來就會給別人造成很大的壓力。你的「愛」是有攻擊性的，帶著干預的意味，這一點尤其在感情關係中更為明顯，逐漸就演變成了專制。

損己利人

熱心是你的做人標籤，喜歡隨便承諾也是你常有的舉動，哪怕是你並不擅長的事，你也會滿口答應。等承諾下來，你才發現是活活給自己找了個麻煩。

挑剔苛刻

你表面上與人為善，可是內心裡卻極其挑剔，愛批判別人，經常

會在背後流露對某人或某種現象的不滿，並對之做出自己的審判。你內心有極其嚴格的道德標準，習慣用自己的立場去看待別人的生活方式、別人的需要，一旦有人不符合你的道德標準，那就是錯誤的、無可救藥的。你總想用你的觀念去「拯救」別人。

病由心生：命數 6 的人身體很容易出問題，時常感到身體上有不舒服的地方。一旦出現這樣的問題，你一定要先審視自己是否心理出了問題。你比其他人更容易吸收負面能量，比如某電視新聞中有個案件慘絕人寰，你看了心裡很不舒服；某部電影引起你傷心落淚，你會沉浸在其中；某朋友男女關係出了問題，你不僅為人家操心，而且還牽掛得睡不著覺……這些因素都會讓你心事重重，負面情緒積壓在心裡，遲遲清理不出去。

深層解讀命數 6

本質：家人為重的孝子賢孫

數字之間的關係非常有趣，相鄰的數有著明顯的對立面，命數 6 剛好與命數 5 相反，6 喜歡承諾和承擔責任，熱衷奉獻與付出愛心。

你非常看重家庭溫暖，從對父母的依戀開始，無論你離家多遠，心中牽掛的永遠都是親人的一切。家人是你的重擔，你時刻牢記著責任和義務，哪怕父母當中有人從小對你並不那麼寵愛，你依舊會在成年後履行孝道，這幾乎成為你的一生的職責。

你的生活時刻圍繞著家人展開，出門在外與家人的聯絡是頻繁的，親戚之間常來往走動，也總有一大家子住在一起的時候。你對家人乃至親戚有著很強的責任感，這從你與朋友的聊天中就可以看出。你經常會說到家事，就算聽者並不知道你所說的叔叔、大爺、姑姑、

舅舅都是誰，可是你總是會興致勃勃地把這些人掛在嘴邊。你很忙，時常地為家人、親戚的事操心，今天這個求你辦事，明天那個託你照顧，在這方面你不怕累不怕麻煩，即使工作再忙，你都會做到有求必應。所以，你是個非常值得稱道的孝子賢孫，能為家人任勞任怨。

你道德感非常強烈，有明確的是非觀，對好人與壞人的區分有自己的一套準則。你十分在意外界對你的判斷，正確與錯誤，是否符合道義，這些時刻都會背負在你身上，有時也會因此逃避自己的真實需要。

有個人的妻子因病半身不遂，他想過放棄，也想過逃避，但道德感最終戰勝了私心，他照顧了老太太 15 年。當把病重的妻子送走的時候，他已經白髮蒼蒼了。面對妻子的家人，他說了一句話：「我這輩子算是對得起她了，為了她我付出太多，誰都說不出我一個不字。」說實話，老人的這句話破壞了他的感人故事，他不是為了愛在承擔責任，做這一切不過是為了不讓旁人戳脊樑骨。

在親情這個問題上，你總是承擔過多，甚至超出了自己的承受範圍。「我不這樣做是不對的」，這樣的觀念時常會提醒你付出再付出，最後直到出現不平衡。

命數 6 者最需要面對的人生課題，就是付出與索取之間的平衡。你喜歡幫別人的忙，喜歡承諾，假如這些能讓你心情愉悅，讓你心甘情願，這才是命數 6 具備的愛的能量。有不少生日數字中同時出現對立數字的人，如命數 6，生日 5，這是兩種相互拉扯的能量，會使得你一方面對責任有恐懼，另一方面又不得不承擔責任，矛盾的時候會造成很嚴重的情緒波動。

能量：要求完美的「心理醫生」

心理醫生的職責就是透過交談，來幫助困惑者疏導不良情緒。命數 6 者具備心理醫生的治療能力，你有耐心傾聽，但同時又不是個合格的醫生，因為你很難消化這些負面資訊。

你重視自己在別人眼裡的形象，愛聽人傾訴，愛幫人分析，你覺得有必要照料別人，而你的這種吸引力也會造成找你辦事的人特別多。家人需要你，朋友需要你，小孩子需要你，老人需要你，所以你經常忙忙碌碌。假如忙不起來的話，這對你來說是非常沮喪的事，會讓你感到自己彷彿失去了價值。

你身邊隨時會出現傾訴者，這些人遇到麻煩或者感情矛盾，急於找個人訴說困惑，而你總是趕巧遇到。「我今天很難過。」「哦，那你說說為什麼，看我能幫你嗎？」你是個相當有耐心的聽眾，會本能地站在對方的角度去分析勸說。你語氣溫和，能安定人心，治療別人是你的天賦。但這裡有個前提，你必須有正確的價值觀和智慧，否則你的勸說會造成一種歪曲，而且還會遭人不屑。比如說，你自己的感情生活還是一筆糊塗帳，卻苦口婆心地去勸別人怎麼看待愛情，這會讓你沒有任何說服力。你要先學會解決自己的問題，做個客觀的「治療者」，才能真正展現你的價值。

你清理「垃圾」的能力欠缺，因為你有完美主義傾向，這種傾向並非是你希望完善自己，而是你期待自己和別人都能展示出美好的一面，而拒絕接受任何不美好。那麼，傾訴者的煩惱就是極度不美好的資訊，你會糾纏在別人的煩惱當中，無法消化。

你有欲蓋彌彰的本領，明明不能容忍別人的缺點，可是你總愛標榜「各有各的生活方式」。其實你的內心挑剔苛刻，愛關注別人的缺

陷，高標準的要求始終壓抑在心裡。有時你也會和好友私下批判別人的短長，一旦真實的想法傾瀉而出，你就會發現，原來自己有那麼多的不滿。而在表面上，你卻永遠看起來是個寬容的大善人。

你的完美主義是什麼呢？是自卑感。當你買了一件新衣服去徵求別人的認可，對方假如敷衍你「很好，你穿什麼都好看」，你的完美之心就得到了滿足；可是假如對方誠實地告之「我覺得你的腰不夠細，有點不適合」，這句真話等於公開了你的不完美，你很有可能就從此不再想穿這件衣服。除非，這句話出自你的口，你善於自嘲，但絕不接受真話。

你無法面對自己的缺點，所以更聽不得別人的批評，即使你再好的朋友也很難與你推心置腹地交心，客套之聲充斥著你的生活。在心理健全的人面前，你無用武之地，也會感到挫敗。你這個「心理醫生」時刻準備著去拯救別人，其實你最需要的是先來拯救自己。

命數 6 者的人生任務很艱鉅，你必須努力尋求和著重修練無條件的愛、平衡、歸屬感和理解這四方面的能力，而不是急於獲得別人的認同。

人際：帶著天平的奉獻者

命數 6 者有母性的能量，喜歡照顧身邊的人，為他人著想，是最具備同理心的一個數字。但你的付出不是無條件的，你需要周圍的人回饋你。

你朋友非常多，各行各業，類型繁多，你都能與他們維持不錯的關係，甚至不少朋友不管相距多遠，你依舊沒有和他們斷了往來。具備親和力的你，人緣極好，你也擅長禮尚往來，心中會時時牽掛著別人，喜歡送禮物，對人體貼入微。

　　在眾多朋友當中，你很清楚哪些人是你需要照顧的，哪些人是你欣賞的，哪些人必須保持聯繫。需要照顧的人會把你當傾訴對象，你義不容辭地情願做對方的垃圾桶，幫他們理清思想上的障礙。而你欣賞的人則是你理想中的參照，比如某人很擅長設計服裝，你剛好非常希望自己也具備這樣的能力，你就會對這個朋友產生誠懇的欣賞，並無嫉妒心。這一點你做得比命數 1 者要好，能看到別人的發亮點，而不是一味逞強好勝。

　　當然這類人假如有些成就，就更會成為你的理想參照，包括給你帶來面子上的榮耀。而那些必須保持聯繫的人，或許來往並不密切，或許也談不上欣賞，但由於認識的時間比較長，你會認為「這麼多年了還是朋友不容易」。這時你的出發點是來自道義，所以你不會輕易丟失朋友。

　　你容易和人親密，喜歡把關係不錯的朋友當作家人對待。有時你還會製造出你我不分的手足情誼，如有好吃的東西你會與朋友分享；有好玩的東西你會時刻想著「我要給他帶一個」；天冷了，你會告訴人家，多穿點別凍著；朋友病了，你會立即噓寒問暖，表示關心。你知冷知熱，生活裡總是會有一些家人般的朋友，像哥哥、姐姐、妹妹、弟弟這樣的稱呼經常會出現在你嘴裡。你不自覺地扮演著長輩的角色，喜歡主動承擔責任，不管是比你年長的還是年少的，他們都是你的「孩子」（數字 6 有「內在父母」情結）。

　　朋友多也會給你造成很大的壓力，因為你喜歡信口承諾。當別人求你辦事的時候，你很隨意地應承下來「好，我幫你」，即使你明明知道做不到，也很難拒絕別人的求助。你把別人的需要放在第一位，以此展現自己被重視被依賴的價值。只不過，一旦承諾無法兌現，你就產生了對不起人家的心理，友誼反而成了負擔。試想一下，假如你

有 5 個朋友同時求你辦事，你都承諾下來了，可是辦不成，這會造成什麼樣的局面呢？他們會認為你太會吹牛，這樣反而會削弱了朋友對你的信任。

很多人都把樂意付出當作美德，但任何事背後都有不同的動機，無條件的付出才是純潔的愛心。假如你的出發點是用奉獻換取被愛，用禮物換取親密，那就少了真誠多了虛偽。

你要回報，腦子裡總有一個天平，隨時衡量著付出多少和能收回多少。因此你隨時會出現心理不平衡，例如送了別人一個禮物，人家並沒有還你這個人情，你就會感覺很受傷。所以，你貌似親密的朋友很多，可是他們也會對你有成見。你們之間存在著一種表面的和諧，實際保持的距離卻在心裡。

一般來說，命數 6 的愛能量流通是這樣運行的：

付出無條件的愛＝得到真心的回報

帶有索取心＝受傷

感情：愛情一地雞毛

數字 6 的本質意義就是愛與奉獻，但這並不代表你生來就懂得愛，相反，命數 6 者這一生最需要學習的就是關於愛的課程。

你對愛的渴望最為強烈，這一生擁有一個幸福的家庭是你圓滿的句號。雖然命數 4 者同樣以家庭為中心，但你們之間有很大的不同。命數 4 者是看重實際的人，把注意力放在安全與穩定上，他們想獲得一個美滿的婚姻更為簡單可行。而你的注意力往往集中在「人」的身上，因為你的完美主義時刻會跳出來幫你打亂理想中和現實中的平衡。

當你喜歡上一個人的時候，很輕易就被彼此間一些共同點打動，例如他和你同樣鍾愛某一個色彩，他喜歡的歌你也曾被感動過，他很欣賞某個人，剛好你也同樣對那人有好感……你們細節上的共同點越多，越會讓你產生知己的感覺，甚至有些宿命：啊，這是緣分哪！只不過，三米之外看一個人和零距離看一個人感受是不同的，那些小細節不過是你理想中的一部分。當相處逐漸親密的時候，一旦這個人有諸多的方面叫你難以接受，就觸動了你的挑剔之心。

重視細節的人眼裡的瑣碎事要更多一些，雞毛蒜皮、無關緊要的小事往往會讓你心情煩悶，不由得生出些遺憾。你習慣把自己的理想放大後投射到別人的身上，剛開始時你會自認為這個人無與倫比，可是當發現對方並不是你所期待的那麼「好」時，你會表現出強烈的操控慾，試圖讓對方按你的方式去做，一旦對方做不到，就會讓你感覺自己被傷害了。

你非常清楚自己對別人的「好」有多少有多重，你要回報，而且回報的方式要符合你的需要。你的生日到了，你非常期待喜歡的人送你一件實在的禮物，但那天你只收到了一個短信，上面寫：我愛你。這不是你期許中的禮物，儘管那三個字是誠心誠意的表達。於是你會感覺失落，甚至覺得被傷害了：唉，早知道這樣，我就不過這個生日了。類似這樣的悔恨很多，從中總能嗅到專制的味道。

在愛情上你很難認識到自己的自私，你有時會刻意去製造「沒有我不行」的狀況。你非常喜歡照顧別人，即使遇到比你成熟年長的人，依舊會本能地把對方當孩子或老人一樣照顧。跟你生活在一起的人，從受用你的照顧，直到逐漸變得「無能」。你矛盾得很，既期待有人疼你照顧你，可是行為上卻更樂意照顧疼愛別人。這樣一來，你

很可能會在感情的不如意中反覆犯一個錯——你總會愛上心理不健全者（或者說愛無能）。

命數 6 者必須尋覓到這樣的人：在生活上甘願扮演你的「孩子」，並且非常瞭解你的需要。這種平衡的愛會讓命數 6 者真心地釋放出自己的溫暖本質。

數字之間的「化學反應」

當命數 6 者生日中 1 的能量過大時，你對他人的好是咄咄逼人的，會有極強的支配慾。

當命數 6 者生日中 2 的能量過大時，你會更加在乎付出後獲得平衡，你的付出都是有條件的，否則就埋怨計較。

當命數 6 者生日中 3 的能量過大時，你會喋喋不休，交際廣泛，愛四處幫朋友辦事，常把精力消耗在信口承諾上。

當命數 6 者生日中 4 的能量過大時，你要留意自己對他人好的真實動機，是否只是互相利用關係，常會與朋友交面不交心。

當命數 6 者生日中 5 的能量過大時，你承諾後基本沒有兌現的可能，你會一邊打包票，一邊逃之夭夭。

當命數 6 者生日中 7 的能量過大時，6 無法失去群體，而 7 不屑群體，兩種對立的力量會造成一種困局：對你來說，社交是種需要，但心卻緊緊關閉。

當命數 6 者生日中 8 的能量過大時，由於 8 的目的性非常強，那麼「愛」就會成為一種投資，成為你達到目的的手段。

當命數 6 者生日中 9 的能量過大時，你簡直就是哪裡有需要就去哪裡，可是一定要注意，在生活無憂的情況下你才有資格釋放愛。

命數 7：頭腦是我的一切

福爾摩斯是英國小說家柯南・道爾筆下的一個神探，雖然是虛構出來的人物，但卻早已是全世界最著名的「大偵探」。柯南・道爾給他設計了一系列的資料，讓他就如活生生存在著一樣，包括畢業於牛津大學、日常的個人喜好，甚至連生日都非常具體──1854 年 1 月 6 日（命數 7）。

有一個非常驚奇的巧合，就是這位善於推理、洞察力驚人的福爾摩斯大人完全符合他命數 7 的人生。更有趣的是，創造他的人柯南・道爾並不是命數 7，而是命數 5（1859 年 5 月 22 日），可是他去世的日期是 1930 年 7 月 7 日。這就如兩個靈魂在柯南・道爾的身體裡攜手完成了一個使命。

我們來看下福爾摩斯的私人檔案。

愛好：思考、小提琴、拳擊、西洋劍、化學實驗，在報紙上發表過一些論文。就如同他本人所說：我好動不好靜，我非常憎惡平淡的生活，我追求精神上的興奮。

性格：性情冷漠、孤僻（不願意透露自己的豐功偉績），堅持己見，有點驕傲和自負（不過隨著年紀的變化性格也有變化）。

天賦：觀察力、記憶力、推理能力，屬於理性思維，還有超出常人的指力、腕力與天才般的化妝才能。

以上的這三條福爾摩斯特徵，可以當作命數 7 的一個總結了，連驕傲和自負都一點不差。

命數 7 的人確實有福爾摩斯般的推理天分，思維邏輯能力非常發達。當然，並不是每個命數 7 的人都要去做偵探，但假如你能善用

命數 7 的分析力，以此去挖掘自己的內在智慧，你做任何事情都會無往不利。

「頭腦是我的一切，身體只是一個附件。」這是柯南‧道爾筆下的福爾摩斯對命數 7 的精闢總結。

思考力

你看問題從不看表面現象，當別人都在人云亦云的時候，你習慣去看事物背後的意義和真相，這讓你在看待事物方面常有獨到的見解。思考力是你成功的武器，你能緊跟時代的步伐，觀念處於時常更新的狀態，常能領先他人。

察覺力

你凡事都喜歡在腦子裡畫個問號，有破解到底的興趣。你是理性的人，要依據，要結論，必須先說服自己才去肯定某件事的可信度。膚淺的理論說服不了你，你會靠觀察去總結經驗，並勇於顛覆那些大眾言論。

自學成才

和別人的學習方式不同，你知識的累積不是來自學校或者師從某人，而是完全來自於你自己的觀察與分析。太過大眾化的理念無法吸引你，而那些旁門左道則會成為你鑽研的目標。例如，你會對命運產生極大的興趣，會試著尋找解讀的方式去一探究竟。

修行者

你或許對宗教毫無興趣，也或許對教育有抵觸，但你會從藝術與生活觀察中獲得靈感，在不知不覺中發現宇宙的博大與深奧。當別人靠書本和他人的勸導成長時，你只靠自己，從每件經歷的事中搜尋真理與感悟，並善於分析自己的正確與錯誤。你是一個自省的人，時常會與神對話，這個神就是你自己。

研究能力

在選擇職業上，研究型的工作最適合你，因為這會用到你擅長質疑的長處。你是心靈層面十分發達的人，即使是追求財富，也離不開思考和你特有的直覺力。任何體力勞動或循規蹈矩的工作，只會令你迷失自己的價值所在。

幸運星

你有莫名其妙的好運氣，幸運 7 的神奇在你身上會隨時顯現。做為意念強大的人，假如能善用自己的直覺與冥想，你會有出人意料的吸引力。如果你想得到什麼，只要堅定地去觀想，必定會將其吸引過來，從而夢想成真。

自負

這是你的第一原罪。由於你比別人的思考能力強大，看問題的角度始終處於更深刻的位置，就往往會自認為比別人見解深刻。但正因為如此，你習慣了輕視別人，常表現出自大高傲，無所不知。你用居

高臨下的優越感冷靜地看待周圍的一切，這會讓你與周遭環境格格不入。

自戀

你沉浸在自己的思考當中，並得意於自己的聰明才智。你目中無人，習慣過高地看待自己，有時會自認為在某一方面天下無敵，沒有人比你更好。可是，山外有山，天外有天，你的世界一旦變得狹窄，就會讓自己成為可笑的獨孤求敗。你喜歡看人性的真相？最好先學會解剖自己。

妄斷

你太相信自己的邏輯，常常死守自己的觀點刀槍不入。你以為自己十分信任自己的想法，其實可能剛好相反，正因為不自信才導致你的頑固抵抗。在你視野還很狹窄時，你會在沒有實踐的前提下，輕易地否定「未知」，並下結論告訴他人「我不信」。這個時候的你很脆弱，一邊害怕著，「我也有不知道的事？」一邊又抵觸著「我確實不知道」這個事實。

疑心病

愛質疑是你進步的驅動力，可是過分地愛質疑就成了疑心病。當一個現象擺在你面前，你從不是樂觀其成的，而總是先站在不信任的角度審視一切。你喜歡看事物的陰暗面，喜歡斬釘截鐵地懷疑事情的可信度，這只能給你自己帶來更大的困惑和不安，包括人際關係和感

情關係。

| 孤僻 |

有疑心病的人自然是孤僻的。你躲在自己的小天地自我欣賞，你排斥所有的可能性。假如你能完全徹底地享受孤獨，這也算是一種境界。可惜你不能，你在乎別人的目光，無法迴避你對自絕於民的膽怯。

| 操控慾 |

你有軍師天分，在幕後出謀劃策是你的強項，可是同時也難以避免操控慾過強的惡習。當你操控別人的時候，你喜歡侵犯、瓦解別人的精神領域，從負面的角度看，這正是走入邪惡的引子。

深層解讀命數 7

本質：尋找真理的「007」

命數 7 者有一個嚴格的靈魂，對萬物的標準極高，任何事都要弄個水落石出才能說服自己去「相信」，所以命數 7 者喜歡動腦，更喜歡質疑一切。

你的頭腦比別人早熟，很小就喜歡思考一些成人世界裡的事，腦子裡總有無數個為什麼等著解答。你在分析力方面有過人之處，並不像命數 2 的人想來想去的分析方式，你更喜歡去探究事物內在的、背後的、根源的真相，而不是只關注表面一層的意義。

你對未知的世界有極大的興趣，如命運、靈魂、宇宙等資訊，這些科學無法證實和常人無法理解的事物，總會勾引出你探索的慾望。

你就像個情報員，隨時要查找人生的蛛絲馬跡。你本能地對事物抱有懷疑的心態，越是被廣泛肯定的結論，你越是要求證其是否正確。你不相信任何人，哪怕面對專家和權威，你依舊要挑戰和質疑，甚至會帶有攻擊性。所以你不是個好學生，對那種灌輸型的教育方式，只會感覺膚淺而無趣。除非遇到了善於啟發你思考的老師，能用旁敲側擊的形式來幫你找到自己的答案。只不過這樣的老師常常不在學校，他或許是某個智慧的路人甲，或許是歷史上的某個哲學家。

　　你有著非比尋常的好奇心，善於洞察，邏輯分明，能將問題層層剝離直到露出核心與本質。雖然你的直覺力很強，可是你往往對「感覺」並不信任，畢竟感覺是抓不住摸不著的一種「虛擬思想」，沒有確鑿的證據來說明它「是否準確」。所以你容易忽略自己的直覺，更習慣把事情複雜化，經常抽絲般地把問題分析個底朝天，而正確答案說不定就來自開始時的靈機一動。這讓你的頭腦非常累，你的理性與感性之間經常出現相互抵觸，並讓你產生不安。表面看起來，你是對某件事情產生了不信任，其實不信任的對象正是你自己。

　　當你與感覺世界連接的時候，你會發現原來事物的真相就是簡單自然的，並非必須有一個標準定義。

　　你在學習方面可以做到無師自通，只憑興趣就能深入鑽研進去，並且最終能自成一派，成為專家。這是屬於你的方式，因為你在吸收知識與悟性方面均具備特有的能力。一個什麼都靠自己的人，支配力也是超強的，你非常頑固，習慣把自己的那套思考方式定義為「真理」，會為你認為正確的事堅守到底。為了更有說服力，你還會下意識地搬出權威來給自己撐腰，例如某句話引用於某位大人物的某個真理，儘管你本身是反權威的。這個細節也透露了你的堅持並非那麼堅

不可摧。

即便是你對自己的觀點已經有了動搖，在新的答案還沒有出現之前，你仍舊會死不改悔。除非諸多論據告訴你，大錯特錯了，這時候你也未必會立即去更正，而是會以巧妙的方式重新定義你的新「真理」。

命數 7 者是個自大而孤傲的偏執狂，只許自己質疑別人，而無法接受別人對自己的質疑。你很怕自我認知被侵犯，因為這隨時會將你那超強的「自信心」推倒。

能量：老天庇護的幸運者

7 是全世界公認的幸運數字，而命數 7 者確實有吉人天相的運氣，總是能在關鍵時刻化險為夷。這既與 7 的神秘力量有關，同時也說明 7 的疑心並非全是無事生非。

你總會遇到「山窮水盡疑無路，柳暗花明又一村」的事件，不管遭遇什麼樣的意外，你都能安然無恙。往往在你最落魄的時候，就會不知道從哪裡跳出個機會或貴人，從而幫你脫離危機，就好像有一種神秘力量在背後幫你的忙。

難道命數 7 者真的是受老天庇護的人嗎？假如瞭解數字 7 的本質，對這一點就不難理解了。你生來具備一種精神世界，精神是種心念的力量，也是一種強大的氣場。就如在遠古時代，每當獵人出門與野獸爭奪食物時，部落裡都有一個巫師在背後用咒語為勇士們增加信念。那咒語就是精神力量，儘管形而上，卻可以發揮鼓舞人心、堅定勇氣的實際力量。

在危機面前，你也更為冷靜沉著，加上有強烈的預感幫你安定內

心，所以往往會出現不可思議的好運氣。你的第六感是敏銳的，越是在不容你理性分析的時刻，越會準確地感應到事物有利的方面。疑心病並非一無是處，至少也算一種警惕和防衛，能讓你快速地自我保護，免受戕害。所以，你是最不會輕易上當受騙的人，除非你的偏執心上來，出現了自以為是的判斷。

幸運的事遇到多了，往往會讓你的生活懶散，缺乏實幹的能力。你經常是只想不做，喜歡動腦不喜歡動手，在現實與精神之間掙扎。你對生活的要求極高，不甘於貧窮也不甘於平凡，又不屑為現實折腰，常常撐著一身的傲骨做著精神上的巨人，行動上的矮子。直到你尋找到了這樣的興趣點——既可以實現你的精神價值，同時又能在物質上得到收穫，這樣的事情才會讓你一腔熱血地投入進去。

你有多方面的才華，不甘於侷限在一個領域，任何有挑戰的事都會對你產生吸引力，所以你往往身兼多職，或者頭銜一堆。只不過，在職業方面，你很難與你的環境成為一體。無論在哪個領域，總會有「一隻眼深入其中，另一隻眼旁觀左右，一隻腳在圈內，而另一隻腳卻在圈外」的狀態。你隨時保持著清醒，將自己從那個環境裡分離出去，「身在曹營心在漢」，堅決不認可「我也是其中的一員」。

清高的人往往在意識層面一心追求高尚，你會覺得自己不屬於任何圈子，習慣於帶著批判的眼光去審視周圍，憤世嫉俗，狂傲自負，經常也會因此顯得與環境格格不入。

命數 7 者的身上有種奇特的優越感，這來自你智慧上的優勢，所以你做事經常游離在團體之外，好獨來獨往。尤其是針對虛假和做作的人和事，會有挑剔刻薄的心理，善於詭辯，得理不饒人，常在論辯中追求「致人於死地」的快感。

人際：孤獨的人是可恥的

中國大陸的一位歌手張楚有首歌叫《孤獨的人是可恥的》，其中有段歌詞是這樣的：「孤獨的人，他們想像鮮花一樣美麗，一朵驕傲的心風中飛舞跌落人們腳下，可恥的人，他們反對生命反對無聊，為了美麗在風中，在人們眼中變得枯萎。」這是就命數 7 的寫照。

你生來喜歡安靜，也有點羞澀，很難忍受熱情洋溢的場合，那只能讓你感到恐慌和不自在。你喜歡一個人獨處，看看書，聽聽音樂，思考一下人生，並不願意與過多的人來往。在這一點上，你與好交朋友的命數 6 者有很明顯的不同。你很怕認識太多的人打擾你的平靜，也不習慣客套的交往方式，這讓你看起來並不好接近，常與人保持著距離。

你就像一個現代的隱士，神出鬼沒，來無影去無蹤，有時突然消失在人群裡，拒絕與人往來，有時又突然跳出來顯山露水。在人際交往上，你沒有「多一個朋友多一條路，少一個朋友多一堵牆」這樣的觀念，你的世界裡朋友只有一種，那就是「我欣賞喜歡的人」。所以，你認可的朋友很少，但只要關係不錯，他必定能夠包容你。當你某天突然消失在他們的視野當中，這些人不會大驚小怪地埋怨你「這人怎麼這樣啊」，他們能尊重你的孤獨。而對於那些交流困難、秉性不相投的人，你則會毫不客氣地冷淡疏遠。

7 是個有精神潔癖的數字，你能靠洞察力在三五句話中就判斷出對方與自己是否臭味相投，也能靠挖掘真相的天分快速看清對方言語背後的動機。比如，當遇到一個人吹牛說大話的時候，也許別人想到的僅是「此人不可信，有點不實在」；可是你就會用偵探的眼光去搜尋對方的心理因素：「他為什麼要吹牛？一定是在掩飾自卑感。」

「也許他從小到大得到的肯定太少了⋯⋯」你這樣的尖銳給人壓力非常大，即使你不會說出來，但那種不參與的旁觀狀，也會叫人感覺如同自己赤身裸體一般。

你尤其反感虛偽做作之人，他們在你這裡可能會遭遇冷嘲熱諷和批評，你更沒有耐心去進一步地接觸理解對方。你有時會用非常傲慢的姿態去看待世俗中的人，而把自己置身於世外，好像你來自另一個星球。當你越是與人群脫離，你就越會退縮在自己的世界裡，隱藏起來不願意見光。

孤獨的人未必都是可恥的，孤獨也可以讓你自省，在寧靜的空間裡找到自己的真理，畢竟你的孤獨並非寂寞。

不要把命數 7 的孤獨當作缺點，因為每個人都有不同的處世之道。但如果命數 7 者能學會接納別人，對每個不同的生命都能有一定的瞭解，那麼，他們的智慧就會成為眾人的需要，這樣的「隱士」才會有價值。

感情：寧為玉碎不為瓦全

命數 7 者有冷靜理智的特點，即使狂熱地愛上一個人，也會有克制的表現，有種不得不端著保持距離的感覺。即使兩人已經修成正果，你依然會感覺自己是獨身，隨時需要保持個體的獨立與私密性。

在感情上你非常需要安全感，這種安全感似乎沒那麼具體，關於這一點常有種很複雜的情緒圍繞著你。當遇到一個喜歡的人，你越是在乎對方，你的表現就越會展現出這種複雜性，一會兒主動，一會兒被動；一會兒很熱，一會兒很冷，有話不直說，非要靠揣測彼此的方式來交往，就像是在與對方玩捉迷藏。你明明暗示對方「我很喜歡你」，可是當對方心領神會、勇敢表達的時候，你又突然感覺到了不

安，當即退縮回去，還會找很多模稜兩可的理由來進行搪塞。所以對方和你相處之初，總會有各種不舒服。

愛捉迷藏並不代表你缺乏明確立場，也不代表你生性喜歡曖昧，這裡有個前提，一旦出現這樣的情況，可以證明兩點：其一，對此人你並不確定是否值得去愛，你還沒有完全說服自己；其二，你不喜歡被「反攻」，更願意順理成章、心照不宣，對方只要表現得過於緊逼，你立即冷處理，因為被支配就意味著「不安全」。

你也會有主動付出的經歷，當你一直處在去愛而不是被愛的位置時，你反而會掏心掏肺，忠貞不渝。你可以改變自己去適應對方，也喜歡時刻黏在對方左右甘願奉獻。但往往這樣的戀情，都是以對方的背叛和逃避為結局。你很難察覺到，在整個過程中，正是你的支配慾造成了一種不平等。你看似無怨無悔，可是內心充滿了警惕。人和人之間有相互的回饋，當你給了對方完全徹底的信任，對方才會把同樣的信任回報給你。相反，假如你自身就矛盾重重，那麼結果也會應驗你所恐懼的那一部分。

做為有頭腦的人，你對洞察別人的心理動機有著超常天分，可是卻很難洞察到自己內心的真相。你偏執地認為「我很有信心」，但實際上你最不信任的就是自己。你在「我需要」與「我害怕」之間來回，最後不得不穿上防禦的鐵布衫，隨時逃避問題。

你有不可思議的偵探天分，為了驗證你的疑心，你可以靠直覺破解對方的秘密，包括信箱和即時通的密碼，去查找「犯罪證據」。即使你已經擁有幸福的愛情，但潛意識裡依舊會存在對忠誠的恐懼。

你在選擇伴侶上重視靈魂的相合，因為 7 是精神意識超強的數字，不會把感情寄託在物質與現實瑣事當中。你需要靈魂伴侶，要求精神上的同步，並且彼此還要有各自獨立的世界，這是相當有難度的

要求。但這樣的人並非不存在，就看你是否有勇氣去尋覓等待，當這個人出現的時候，考驗的就是你的選擇能力了。

　　與眾不同的人對命數 7 者有超強的吸引力，如藝術家、浪子、詩人、作家、人格魅力突出的人……等等。命數 7 者具備藝術鑑賞力，對一切平庸的事和人毫無興趣。這類人的晚婚機率非常大，大有「寧為玉碎不為瓦全」的愛情信仰。

數字之間的「化學反應」

　　當命數 7 者的生日裡 1 能量過大時，狂傲自負是你的剋星，目中無人只能證明你還不夠強大。

　　當命數 7 者的生日裡 2 能量過大時，愛胡思亂想，喜歡放大想像，雖有出色的直覺，但就看你信不信自己。

　　當命數 7 者的生日裡 3 能量過大時，成熟與幼稚一分為二，遇到好事成熟，遇到難題幼稚，逃避心理嚴重。

　　當命數 7 者的生日裡 4 能量過大時，非常理性，有高層次的智慧，可惜太過謹慎，疑心更重，難免因此錯失機會。

　　當命數 7 者的生日裡 5 能量過大時，偏執心會造成你盲目堅持、寧死不屈的狀況。

　　當命數 7 者的生日裡 6 能量過大時，信任危機會成為你很突出的問題，喜歡衡量道德標準的 6 遇到 7，會增加你對這個世界更多的質疑。

　　當命數 7 者的生日裡 8 能量過大時，洞察力超強，更有心機，兩者結合好的話可以助事業一臂之力，也會表現出老謀深算的特徵。

　　當命數 7 者的生日裡 9 能量過大時，最需要開啟智慧，要注意儘管頭腦出色，可是行動力卻欠缺的問題。

命數 8：優勝劣汰，適者生存

命數 8 與命數 1 有很多類似之處，同樣都有王者的雄心，同樣都是行動派。不同之處在於，1 是陽性的力量，寧折不彎的先驅，是開創者，而 8 是陰性的力量，能屈能伸，八面玲瓏。假如把命數 1 比作一統天下的改革派秦始皇，那麼命數 8 就是臥薪嚐膽的越王勾踐，為了達到目的能甘願忍辱負重。

對勾踐這個人物，向來評論眾多，褒貶不一。有人認為他能成大業，全靠不達目的不甘休的毅力；也有人認為他處心積慮地潛伏在敵人身邊，用盡手段，是極其危險的人物。這兩種看法剛好代表了命數 8 的兩極化，一方面有魄力能建大業；另一方面不擇手段，虛實難辨。

命數 8 的人具備超強毅力，就如一個能源儲藏器，在默默無聞時期能關閉鋒芒，以柔克剛，一旦得到機會便有驚人的爆發力。當遭遇坎坷和挫折的時候，命數 8 者反而會凝聚強大的力量，成為日後發展的動力，這類人有鋼鐵般的意志和實幹家的行動力，可以成為出色的政治家、領袖、企業家、金融家、任何行業的領導者。

命數 8 的人一旦決定了目標就會堅定不移地去執行，大有愚公移山的精神，但也會因目的性過強，而把成敗看得過重。這是最具企圖心的人，人生使命就是為獲得成就而奮鬥，而這一切的動機全部來自命數 8 的主宰意識。

數字 8 是全世界通用的財富數字，而命數 8 者證明自己成功的標準永遠都離不開名和利。你腳踏實地，深知適者生存的道理，所以很清楚自己的需要，更不允許自己平庸度過一生。

實幹

你最不擅長空想，只要想到的事情，你一定會逐漸讓它成為現實，不管有多難多苦，你都能堅持到底。你是實幹家，有「實」才會去行動，做事一定要有利可圖。比如你想設計一件衣服，一定會先去衡量它是否符合市場需求，而絕不會為了樂趣，就盲目地去做這件事。

謹慎

你很看重步步為營，只做有把握的事，你不喜歡冒險，相信經驗。在決定去為某件事努力前，你會周密地勘察，計畫好一切才會行動。例如，假如你參加了某個電視娛樂節目，你不會只是重在參與，而一定是帶著必勝的目的前去的。

理財天分

金錢是幫你證明自我成就的標準，對你來說，沒有什麼比財富更能直接證明一個人的成功。你對錢很敏銳，擅長投資理財，精明而有頭腦。你要做的是贏家，這目的非常明確。

勇氣與魄力

你有做大事的氣魄，不會拘泥在小家小業上，你勇於攻克一個又一個難關，面對挑戰越挫越勇。你不是莽夫，有勇無謀這樣的舉動很少在你身上出現。你的勇氣也包括能屈能伸，必要的時候，你會低調行事，伺機而行。「有志者，事竟成」，這是你成功的信念。

領導力

無論在什麼環境中，你都有一種強大的上進心，不甘於只做個打工者，隨時會流露出領導他人的慾望。這與你的掌控慾有關，但成就你另闢蹊徑的動力，幾乎都與無法忍受壓制和不被重用有關。所以，無論你目前處在怎樣的境地，做為命數 8 者，挫折與不滿總會推動你最終成為領導者。

好人有好報

表面上你把名利當作追求的目標，實際上你並非利慾薰心之人，在你看來，物質只是世俗最基本的「成功標準」，你更重視心靈和精神的進步，希望用金錢幫助更多的人。常做善事的你，會發現你經常能得到周圍人的幫助，一些好事也總會主動找上門來。數字 8 的因果效應就是這樣，一個善良重道德的命數 8，會得到更多人的尊敬。

投機份子

因為做事目的性過強，你非常看重結果。一旦「結果」遙遙無期，你便無法一步一腳印前進，而是總想著怎麼讓「結果」到來的更快一些。於是，你開始動腦筋，盤算如何一步到位。這是一種不勞而獲的心理，你沒有耐心等待時機，邪惡也在你胸中蠢蠢欲動——賭博、性交易、低劣手段、惡性炒作、損人利己，這些舉動都是處在負面能量中命數 8 的「捷徑」方式。

掌控慾

　　你習慣把一切掌握在手裡，尤其當做為管理者，你並不信任身邊的人，而要把一切實權握在手裡，只安排別人去服從。這一點也會展現在你的人際關係和感情方面，讓你在做人上有不受歡迎之嫌。你喜歡處處干涉別人的想法，霸道任性，有時甚至暴躁不尊重他人。失敗的命數 8 往往問題都出在人品上。

見錢眼開

　　處於低層階段的命數 8 會把錢看得很重，吝嗇而貪心，這是由於物質對命數 8 者來說是成敗的標準，錢既是你的槍，也是戰利品。當你陷入物質漩渦的時候，你希望自己的戰利品堆積如山，並會把它當作炫耀的資本。

世俗氣

　　有保守觀念的命數 8 者很容易接收到「流行」資訊，流行也就是大眾普遍認可的東西，這對你來說也是一種「保險」。比如社會上流行辦事必須請客吃飯去夜店，你認為這一招能達到目的，很「保險」；再如，社會上以開什麼車來判斷一個人是否成功，開 BMW 的人被認定是有錢人，而開普通車的人被認定「不太有錢」。這些世俗觀潛移默化地影響著你，讓你成為有世俗觀念的人。

不誠實

　　為了達到目的，你會運用一切手段，包括不誠實。你會對更強大

的人低三下四，說口不對心的話，也會對朋友肆意誇大自己的能力。可是，這樣只會讓你樹敵過多，口碑欠佳，成為令人反感的人。

深層解讀命數 8

本質：白手起家的天生老闆

命數 8 者重視名利，在成功人士、企業家、明星、商人當中，命數 8 者最為普遍。「成功」二字幾乎是命數 8 的同義詞，所以生日具備明顯 8 能量的人，時機一到自然就會投身於事業當中。

即使現在你還僅僅是個平凡的打工者，但不甘於平凡的願望早就在你心中點燃，你也一直為此努力著。你生來具備警覺力，有敏銳的眼光和卓越的遠見，這一點會給你帶來良好的商業嗅覺，哪怕你僅僅是個小歌手，也能運用好商業的模式，為自己將來走向成功鋪路搭橋。你的商業天分隨時會調動出你的野心，你要的不是小商小販的目標，而是建立自己的事業，成為個人領域裡的主宰者。

你重視效率和實幹，空想與你無緣，那只能讓你感覺不夠實際，你看重的是掌握在手的東西，從不做無把握的事。所以，一旦將你的天賦能力運用自如，自然就會有機遇帶領你靠近你的目標。

每個人的成功標準都大不相同，畫家認為作品得到公眾認可就是成功，作家認為書得到暢銷也是成功，學者們的學術研究被廣泛應用也叫成功，但無論是哪種成功，都有一個普遍的價值肯定——與名利息息相關，不可分割。假如畫家的作品毫無金錢價值，作家僅有名氣而無實際收益，都會產生嚴重的不平衡。所以，你看重權力和財富，因為這是你成就的證明。你想要的，就是現實與理想的一個平衡，對你來說，名利的獲得不過就是精神上的滿足。

企圖心會給你帶來世俗的標準，在你的法則裡，沒有金錢的人生是失敗的，沒有地位和權力的人生也是失敗的，所以，最能阻礙你前進的東西，就是急功近利。為了走得快一些，你常常沒有耐心步步為營，投機取巧的心理隨時會誘惑你孤注一擲。

　　命數8者最大的弱點就是難免被慾望牽制。當掌控慾膨脹的時候，什麼都要盡在掌握，也不管你是否真正需要這些東西。這就是8的貪婪。

能量：得瓜得瓜，種豆得豆

　　命數8有個奇特的因果效應，也就是種瓜得瓜，種豆得豆。好與壞都是自己一手創造出的，屬於8的無限循環的符號，也代表著這一層意義。

　　在《三世因果經》中，對因果的解釋是這樣的：人的命是自己造就的，你做了一件善事，就得一個好的報應，你做了一件壞的事情，就有一個凶的報應。

　　1的魄力，2的柔韌，3的機敏，4的行動，5的變革，6的責任，7的智謀，你集數字1～7全方位的優勢於一體，被一股巨大的能量包圍著。但萬物都有一個規律，大成必定與大難如影隨形，為獲得成功你也要面對很多障礙，這其中最大的障礙就來自你自己的慾望。

　　掌控慾過強的你，會對不可預期的事件掉以輕心，以為全局都在你的掌握之中，你傲慢自負，急於求成，但偏偏命運就要在這方面考驗你的耐力。數字7有化險為夷的幸運，這來自他們冷靜的性格和對直覺的運用，而你剛好相反，急躁和過多的慾念常在擾亂你的判斷，你會遭遇身處危險而不自知的狀況。在國外一些數字學家的統計中發

現，車禍、意外、糾紛、災難等不幸發生頻率最高的人群就是命數 8 者。而更為神奇的是，8 的因果效應也與此有關。

有個命數 8 的人，青少年階段有仇富心理，某天夜裡將鄰居家的新車劃了幾道，氣得鄰居不得不報警，他卻在一旁暗自大笑。十年後，他也有了自己的車，沒想到一日醒來，發現車被人用刀劃得慘不忍睹。他當時並沒有發怒，聯想到自己從前的所為，只想到兩個字：報應！後來他回憶起來，發現自己生活裡總是有這樣的奇怪事：做了壞事，早晚會還回來，做了好事，也會有相應的好報。

這就是命數 8 者人生中最重要的一課，善與惡都在一念之間，就看你要選擇哪一個。在你的背後有一種可怕的毀滅力量，就是邪惡因子。金錢和權力是世俗中最有威力的法寶，但同時也是最為骯髒的工具。當你的負面貪慾被調動出來的時候，你很可能會急功近利地使用一些對你有害的力量，如投機取巧、賭博成性、損人利己、為富不仁、弄虛作假……等等，這些日後都會成為阻礙你的絆腳石。

你的人生路充滿考驗，每次挑戰都能激發你的無限潛能，每當勝利在向你招手的時刻，嚴峻的挑戰也會同時出現，能幫你的只有正念和耐力。你最需要具備誠實的心態，真誠地面對自己和他人，感恩之心會讓你輕鬆克服困難，然後用財富和才智去實現更多的價值。

美國著名影星伊麗莎白‧泰勒的命數是 8，在她身患重病之時，留下遺囑，她沒有將鉅額財富留給子女，而是捐贈給了愛滋病研究之用。1996 年接受 CNN 記者採訪時，她說：「名利和權力的好處是什麼？就是我可以用它們幫助其他人。」（當然，泰勒的生日數是 9，天性有熱衷公益的大愛之心。）

人際：為人處世的多面體

　　寫關於命數 8 者的人際關係是件難事，因為相較其他數字，這個數字的人際有非常明顯的複雜因素，沒有重點。就如命數 8 者對錢的態度也是因人而異，有的人拜金，有的人對錢有恐懼，有的不屑金錢更需求權力，而有的又處在擔心物質追求玷污了心靈的矛盾中⋯⋯而且這些不同的原因都與所處環境有關。命數 8 者身處的環境如何，是很關鍵的一個問題，可以決定這個人的很多方面。

　　你在乎人際關係，即使你性格內向，較好獨處，但依舊不排斥參與社交活動，在很多朋友聚會的場合都能看到你的身影。你很隨和，看起來也相當大氣，不論你是否獲得了財富與地位，即使是在最落魄的階段，也基本不會流露出「寒酸」、「無底氣」這些狀態。好像你天生就具備成功者的氣質，很難被人忽視。

　　你有強大的氣場，精力充沛，隨時散發著工作狂的人格魅力。不論你在什麼樣的環境工作，你總會吸引到那些有成就和才華的人。即使你是一個工頭，打交道最多的也是高層的老闆。這就是吸引力的作用，你想成為什麼人，自然生命中就會出現很多同類的參照。

　　在集體環境裡，雖然你有比他人更出色的能力，可是鋒芒遮掩得往往很得體，不會輕易給人太多的壓力。你能屈能伸的功夫是一流的，為了站穩腳跟，有時不得不耐著性子取悅別人，投其所好，你看起來似乎是個委曲求全的人，可這僅僅是表面文章。你什麼都明白，心如明鏡，你很清楚人性的弱點，也有洞察人心的天分，「屈」不過是為了更好的「伸」，這便是你擅長的「勾踐之道」。只是，你不能遇到對手，假如有人看穿了你的隱藏性，會感覺你是最難相處的人，他們會認為你比較「陰險」，尤其是正直誠實的人會很看不慣你的做

派。

　　你的競爭心很強，甚至可以說，競爭是你做事的動力，這是你商人本色中的特質。你的朋友類型也許有很多種，可是不管他們是誰，在哪個行業，至少都不是混日子的平庸之輩。你的人生法則就是獲得成功，所以沒有成功潛質的人你也欣賞不來，自然也談不上和他們成為朋友。

　　命數 8 因具有「因果業力」的影響，所以屬於這個命數的人，會在正面和負面呈現不同的人際狀態。

　　當擁有正面特徵時，你是個平和的聰明人，與人為善，貴人會隨時出現來幫助你。你的朋友們尊重你，以你為榜樣，他們也可以從你身上獲得堅定的力量與務實的精神。你精明但不損人，勇於說真話，當然前提是坐在你對面的人，一定是不喜歡聽假話的人，這時你很容易被良性的力量調動出屬於你的那份靈性。當然，假如你的環境充滿了假象與腐敗之氣，你的隱藏性與不誠實就會出現。

　　當負面特徵過強時，你是個令人抵觸的危險人物，隨時會流露出社會混子的形跡。俗氣、吝嗇、把錢看得過重，如盲目崇拜名牌，為名利不擇手段，在朋友面前吹牛炫耀自己的偉績，滿口謊言地控制和利用朋友。甚至還會有一種奇怪的舉動，為了得到更多的機會，你可以放下自尊去當別人的跟班，甘願被人掌控安排。一旦出現這些負面現象，就說明了一個問題，你急於得到想要的金錢和地位，可是達不到，不想努力，在精神上又得不到支持，這時候的你扭曲而自卑，這會讓你的人際狀況糟糕透頂。

　　命數 8 者想要一個健康積極的人生，別無選擇，只有正向發展，付出真心與愛才能得到各方面的助力。

情感：壓抑的感情舵手

　　命數8者以成敗論英雄，在與人的感情互動當中，也同樣重視「結果」，甚至為了維護「結果」的長久性，命數8的掌控慾無時不在，在相處中有種暗藏的霸道。

　　你看起來溫和知性，文質彬彬，喜歡你的人開始會被你的好脾氣吸引，而你在感情上也是相當認真執著，很難去玩感情遊戲。可是在彼此的靠近相處中，對方會逐漸發現你有「一手遮天」的霸氣，只是這種霸道並非是指手畫腳、高高在上，而是深藏不露的控制慾。

　　這也包括對一個人的「好」：你給對方買衣服，要按自己喜歡的款式買；你送對方禮物，考慮的卻都是自己的喜好；你追求對方的方式，也是以自己的喜好為主，從不去考慮別人能否接受。你有一種柔中帶剛的咄咄逼人氣勢，這會讓你的戀愛對象產生壓迫感，可是似乎又說不出為什麼，因為你很好，並沒有做錯什麼。

　　舉個例子。命數8的女生茉莉喜歡上她的上司大張，從端茶倒水開始，茉莉對大張是關懷得無微不至，大張很喜歡體貼善解人意的女子，兩人有了感覺並開始私下約會。可是大張離婚不久，暫時並不想走進婚姻，從一開始就對茉莉挑明暫時不想結婚。茉莉一直欣賞強勢有事業心的男人，並不想失去大張，她愉快地制訂了遊戲規則：「我也不想結婚，做你的紅顏知己不是挺好嗎？」

　　可是在相處中茉莉一次又一次推翻了遊戲規則，她把自己當成了大張的妻子，經常過問大張的去向，你今天去哪兒了？和誰在一起？當看到大張與女客戶聯繫密切的時候，茉莉怒火中燒，經常會查看大張的手機簡訊。但這種怒氣她並不說出來，而是壓抑在心裡，表面上依舊順從聽話。這些舉動讓大張極其不舒服。茉莉不想直接告訴大張

她的真實想法，她很擅長低調地迴避衝突，並依舊對大張關懷體貼，為他打理一切。

大張經常出差開會，茉莉「關心」的電話一通接一通：你在幹什麼呢？為什麼不給我打電話呢？茉莉的控制慾讓大張不堪忍受，終於攤牌對茉莉說出心裡話：「妳什麼都好，可是被妳操控的感覺很難受。」茉莉自然很委屈，她無論如何也沒想清楚，為什麼自己對他那麼好，卻得到這樣的評價？

這就是因數字 8 的超強控制慾造成的不美好，儘管不是每個命數 8 者都有類似的故事，但這裡面有幾個命數 8 者的普遍特徵：

1. 為了達到目的，討好服從對方，不遵守自己制訂的遊戲規則。

2. 很清楚自己有掌控對方一切的衝動，但又知道這樣做不好，所以壓抑忍耐，但越是這樣，控制慾就更加旺盛，直到把人逼走。

3. 不喜歡直接的衝突，把不滿都積壓在心裡，就是不說出來。

你適合的另一半是那種有相當獨立精神的人，個性強悍，有主見，並能支持你的事業。在這樣的人面前，你的控制慾會減少，因為你要求的他已經做到了，剩下唯一可做的，就是兩人聯手去開創你們的事業。

命數 8 者在戀愛婚姻方面問題很大，離婚率也最高，畢竟任何人都不喜歡被人握在手心裡。因此，即使你已經圓滿走入婚姻，也要時刻注意你那極具毀滅性的支配控制慾。

數字之間的「化學反應」

當命數 8 者生日裡 1 能量過大時，這是典型的領導者，有超常的事業心，做事效率高，也給人更大的壓力。

當命數 8 者生日裡 2 能量過大時，善於忍耐，懂得配合之道，可是也容易發生動機不純的屈膝舉動。

當命數 8 者生日裡 3 能量過大時，性情反覆無常，如急於求成的話，小心會放大自己負面性格中不誠實的問題。

當命數 8 者生日裡 4 能量過大時，8 的成就感目的會降低，而賺錢的目的會提升，也就是說，當 8 遇到 4，會更為愛錢。

當命數 8 者生日裡 5 能量過大時，你很清楚自己要什麼，會把事業慾望當作遊戲，重視過程，但為人也更為浮誇。

當命數 8 者生日裡 6 能量過大時，很難區別你熱心助人是為了奉獻還是另有目的，還愛干涉他人選擇。

當命數 8 者生日裡 7 能量過大時，會是相當複雜的人，處心積慮，善用勾踐之道。

當命數 8 者生日裡 9 能量過大時，會更需要將財富付出到大愛上。

命數 9：愛是勇者的特性

從數字的排列次序上看，數字 9 是從人性達到神性的通道。這對命數 9 的人來說，人生的使命就顯得比其他數字更為艱鉅，在成為「神」之前必須先當好這個「人」。

甘地被世界稱為人類良知的代言人，他在印度人心目中也是無可替代的國父。這位偉大的人道主義者生於 1869 年 10 月 2 日，命數 9。他是唯一革命不使用暴力的政治領袖，以不合作不妥協的方式帶領印度人民脫離了英國的殖民統治。在甘地身上，有非常典型的命數 9 的「追求寧靜」、「信仰精神的力量」等特徵。甘地是位素食主義者，同時也是禁慾主義者，他苦行僧的形象一直深入人心。

命數 9 的人有一顆慈悲心，知人間冷暖，關注大眾疾苦。有這樣一個故事，有次甘地坐火車時，不小心把自己的一隻鞋掉在鐵軌上了。這時火車已經開動了，他無法再下車去撿鞋。於是甘地把另一隻鞋也脫下來扔出了窗外。身邊的一位乘客見他如此舉動，很奇怪地問：「先生，你為什麼要這樣做呢？」甘地說：「這樣的話，撿到鞋子的窮人，就有一雙完好的鞋子穿了。」這個故事完全展現了命數 9 人的博愛之心。

命數 9 的人一生與宗教信仰有緣，心有大愛。甘地被刺客槍殺之時，行兇者一邊向他問好，一邊連開三槍。甘地捂著傷口，發出最後的聲音：「請寬恕這個可憐的人。」他一生最後的這句話，令人感動不已，也深刻展現出命數 9 者的慈悲為懷，以及寬恕心的修為。甘地有句名言：「懦夫是不會有愛的，愛是勇者的特性。」這也正是命數 9 者一生修練的課題——愛與勇氣。

命數 6 和命數 9 儘管有很多相似之處，比如同樣富有同情心和自我犧牲精神，同樣願意與人分享愛，但表達方式卻有很大不同。命數 6 者的施愛範圍是自己的家庭和生活圈，他們的關懷與同情，針對的只是家人和朋友，而命數 9 者的生命關懷則更具有全球視野和引領精神意識的能量，不是針對個人。當你看到那些忙著幫親戚、朋友做好事的人，這多數是命數 6 的特徵，而那些義不容辭為災區人民籌集善款、熱衷參加公益服務的人，則更像命數 9 者的行為。

一句話，6 的愛來自人類的情感，9 的愛來自神聖的精神。

和平者

你與人為善，不喜歡與人發生任何衝突，不自誇，不張揚，同時也不喜歡出風頭炒作自己。這種低調的作風展現出你與世無爭的寧靜心，也會給他人帶來祥和平靜的氣場。

自然主義

道家認為自然是最合理、最有價值的生活原則。你熱愛大自然，那些與自然有關的事物都會吸引你的注意，如環保、樂活、素食、瑜珈，你都能樂在其中，同時它們也是你淨化身心的方式。

智慧

你可以成為智慧的人，這種智慧來自對純淨心靈的追求。大徹大悟後的你希望世界大同，人人為善，愛護草木動物。智慧可以分為三類：第一類是創新智慧，這是命數 3 的智慧；第二類是發現智慧，

這屬於命數 7 的智慧；第三類是規整智慧，這就是命數 9 的智慧。你有改變「惡」的精神力量，崇尚萬物平等，能服務眾人接觸心靈，察覺真我。在這方面，你是個出色的傳教士。

生死感悟

有關生死的問題會被擺在你面前，這乍聽起來會讓你感覺恐懼，其實，這正是啟發你如何積極看待生命的契機。

信仰

你天生就是一個信徒，不管信什麼，信仰都是支撐你的力量，會給你帶來堅定與動力。最終你會發現，救世主不是神也不是佛，而是你自己。

人道精神

你的博愛展現在對眾生的關懷，不僅僅是對小家小業的關懷。你崇尚人人平等，熱心慈善，哪裡有困難哪裡就有你的真誠奉獻。

偽裝

你有很多恐懼，這讓你無法面對人性的陰暗面，可是你又會不自覺地去探究這個問題，從別人那裡找，從自己身上找。你尤其抵觸自己的陰暗面，更願意把它們藏起來，讓自己表現出高尚無私的一面，以期獲得他人的認同。這樣一來，你反而很不快樂，而且這還會成為惡性循環，你越是厭惡自己，就越要表現自己的「偉大」。

膽怯

你太在乎寧靜和平，反而無法面對嘈雜，寧可把自己的心關閉起來與世隔絕，以避免一切你可以解決但又逃避解決的問題。你缺乏勇氣去分辨真假，這件事我不喜歡做，好吧，我不碰，那件事我沒把握，好吧，不做了。如此一來，最後你一事無成。

迷信

你容易被某種精神力量吸引，比如宗教，比如神秘學，這些都會對你有所啟發，也會形成你的精神支柱。但是，你也容易盲從，會陷入一種似懂非懂的狀態，這樣自己的精神自由反而受到牽制。搞不好還會因此成為迷信份子，過度依賴宗教和命運安排，導致聽天由命的消極狀態。

妄想

妄想是病態的，是你自己虛構出來的幻覺。假如你靠妄想生活的話，那只能自討悲慘。你的妄想經常展現在感情方面，你常會對一個人充滿不實的想像，可是這最後帶給你的，往往是破碎的回憶。

自我貶低

你嚮往平靜心，但假如完全不爭的話，也會造成對自己的缺乏認可。你本是多才多藝的人，但不願意發展自我，更喜歡縮在家裡胡思亂想。你的生活期許會被傳統習俗所侷限，例如，假如你沒有學過表演，你就認為自己不可以當個演員，假如你沒有高學歷，你就會認為

自己沒有資格找個好工作。自我貶低的人不是沒有機會，而是自己不給自己機會。

深層解讀命數 9

本質：與世無爭的夢想家

9有夢想的含意，就如萬花筒，讓人進入充滿幻覺與想像的空間。但萬花筒再美麗，也僅僅是由彩色玻璃碎片與鏡子組合出來的錯覺，離開鏡片，你看到的就是個簡陋的、紙做的玩具而已。

命數 9 的生命課題是艱鉅的，你必須透過心靈的覺醒，來克服最致命的「利他主義」。「利他」看似是無私的奉獻，但假如發生在你生活問題無法解決的階段，這時候的「利他」反而蘊藏了太多的不良動機。

因缺乏自信，你的出發點幾乎全部是為了滿足別人的目光，你在乎名聲，道德感過強，小心地維護著自己的好人形象。你同情心氾濫，總在義不容辭地幫助別人，哪怕自身難保；你總是向別人釋放讚美與鼓勵，可是你對自己很不滿意，經常有罪惡感；你無法拒絕別人的請求，太容易受外界的影響；你終日做著白日夢，對前世和未來充滿興趣，但是注意力卻不在今生……

消極是經常出現在你生活裡的一種狀態。從正面意義上看，那是因為你對世俗慾望需求不高。這可違背了你需求的價值──為他人服務，分享快樂。你有著高尚的精神潛能，造福眾生是你的天賦使命，只不過，你先要讓自己強大起來，才有資格和說服力去普渡眾生，去幫助和拯救他人。否則「利他」精神就成了一種形式，會讓你很累，卻無法為你帶來快樂。

由於命數 9 具備每個數字的能量，這就需要你從 1 ～ 8 的數字中整合這些能量，來完善你的人生：

　　1. 獨立性：認同自我，適應變化，並能主宰自己的生活。

　　2. 關係：與他人合作，耐心，機智，注意細節，並透過直覺生活。

　　3. 創造力：溝通，發展友誼，開發靈感。

　　4. 突破：清楚地知道努力工作是為了什麼，實際的行動力。

　　5. 自由：從錯誤中學習一切經驗，勇於變革。

　　6. 責任：懂得愛，最終平衡。

　　7. 智慧：內在發展，靈性，知識。

　　8. 效率：影響力，實現實際價值。

　　命數 9 的人是有靈性的一類人，藝術家居多，在文字、美術、詩歌、表演、攝影等方面都具備出色的才華。他們關注生命、環保、動物，乃至宗教、靈魂，有極高的精神層次。但有時也會太過天真，在出世與入世之間苦苦掙扎。

能量：人道主義大愛的使者

　　9 這個數字具備一種崇高的力量，就是廣義的「為人民服務」精神，命數 9 的人不侷限小家小業，而是對眾生有著慈悲的胸懷。

　　你有著不平凡的一生，無論出生在哪種環境，富有還是貧窮，進步還是落後，這都無關緊要，你與人為善、樂於分享美德。你是人道主義者，於本性上無私多過自私，你見不得別人受苦，富有同情心，一草一木都會觸動你悲天憫人的情懷。

　　你可以給予配偶或家人無私的愛，你可以給予別人關懷和安慰，

你可以義不容辭地將錢或物援助給需要的人，你可以給予別人方便和鼓勵，你可以用心靈傳達給更多的人愛的資訊……你的人生主題就是——給予。但這僅僅是「可以」，並不是說你生下來就能做到，要達到這種境界，你需要具備博大的胸懷和超人的悟性。否則，當你不具備愛的能力時，你很有可能會把奉獻愛心當成壓力。你硬撐著勉強自己去做善人，以獲得他人的認同，這便成了「偽善」。

你並不完全相信「人之初性本善」，對此會有疑慮。你看到的惡要多過善，因為你很容易被人欺騙，尤其是一些打著公益幌子的活動，或是邪教組織，都能對你產生吸引力。你在尚未對生命有所認識之前，過於天真盲從，對人性缺乏正確的分辨，更不懂拒絕。這些經歷一旦累積多了，你將對很多事情感到失落，從而失去生活的樂趣。

對於能做得到的事，你會積極地與別人分享，希望每個人都能和你一樣；可是當遇到自己做不到的事，你內心的罪惡感會比任何人都強烈，但行為上依舊會很高調。比如遇到捐款的問題，你內心很希望自己能出一份力，這是你展現自我價值的時刻，可是暫時你沒有金錢上的能力，於是，這就成了你一個沉重的心理負擔。你無法面對「袖手旁觀」這樣的行為，說和做不統一，這會讓你很自責。這時候你很可能會選擇去做超能力範圍的事，讓自己陷入被動局面。

你的命運與創傷、疾病、失敗、變故、醜聞等戲劇化的事件聯繫密切，它們的發生將會改變你整個的生命過程。千萬不要恐懼痛苦，這剛好是老天賜給你的「任務」。這些不尋常的事件會帶給你對生命的深刻認識，只要勇敢地面對，你會發現沒有什麼事情解決不了。

隨著經驗的增長，你會與內心的天賦靈性會合，於是，你成為離宇宙最近的人。這時的你很可能會成為「哲學家」，能夠與他人分享

你的智慧。

而命數 9 最容易犯的錯誤，是用善意製造狂熱。當無法達到自己期待的結果時，反而會誤導別人，給自己帶來痛苦。

人際：修行的鴕鳥

命數 9 的人有種與表面反差極大的狀態，看起來熱心，一切為別人考慮，可是實際上內心的疏離感很強，甚至有的命數 9 者會給人一種淡漠的感覺。仔細觀察才會發覺，命數 9 不是對任何人都無私，而是有選擇性的。

你在乎和平，不會輕易與人衝突，即使脾氣不好，也會克制自己發怒的情緒，你不想傷害任何人。所以，你給人的印象會有兩種，一種是大善人，一種是怯懦的人。對你欣賞的人，你就是大善人，你願意為他們付出，跟他們分享你的見解，誠心希望他們快樂，並忘我地成全他們的一切。對於不投緣的人，你就是膽怯的人，因為話不投機，你懶得去爭去搶，也不想改變誰，所以會表現出無所謂的態度，並且顯得無精打采。

你尤其抵觸激烈型的人，那些過於張揚、愛表現自己、思維強勢的人都會讓你有壓迫感。你喜歡與藝術型的人往來，因為他們更為單純浪漫，能給予你更多的幻想空間。而太過現實的人會令你的精神無法放鬆。

你的一切都是淡淡的，沒有覺得人際關係有多麼重要，因為目的性不太強的緣故，朋友對你來說就是喜歡與不喜歡之分。像那種夜夜笙歌的生活你很難忍受，也許會因為怕別人不開心而去勉強敷衍，可是心裡還是想著清淨點為好。你不喜歡生活起伏過大，充滿刺激，寧

可在家看看書，看看漫畫，聽聽音樂，做做春秋大夢。

在你身上總有一種「修行人」的狀態，對自己要求不多。當別人要求你這樣那樣的時候，也能漫不經心，不至於立即反抗，大不了臉色難看一些而已。

你並不喜歡表現自己很強大，強與弱在你這裡概念模糊，所以一個不想當強者的人也很少吸引依賴者。誰想依賴你那真是自討沒趣。你是真靠不住，因為你總是站在中立的位置默默看周圍的一切，能讓你神經錯亂的只有遇到愛情。

你有時低調到過分，因為覺得自己還不夠「好」，也經常自貶，這是由於你很希望滿足他人的期許，這個「他人」也包括一些傳統的模式規則。比如說，你並不喜歡小孩子，但假如有人告訴你，不養孩子是不對的，你可能就會為此動搖。你的立場隨時會被他人的觀念所影響，無法堅持自己內心的需要。

你能接納別人，可是也會亂接收資訊，尤其當你的環境中出現很多攻擊性強的人時，你會亂了分寸，這包括那些愛說教的人、愛炫耀財富的人、愛灌輸別人保守觀念的人。這些負面能量會讓你無法消化，唯一的辦法就是大不了逃掉，你就像一隻鴕鳥，一頭埋進地下，讓問題不了了之。

感情：悲情的妄想家

愛是命數 9 全部力量的來源，無論是事業、家庭、財運還是自我實現。愛，對他們來說是一個發電機，能源充足的時候，可以造就自己和周圍的人，乃至大眾。當受困於愛，愛成為你的難題時，你的生活也會顯得混亂不堪。

感情問題是你最大的「麻煩」。你總是愛上惰性很強且有些古怪的人，總是期待這個人和自己想像的一樣，總是沉重地肩負起家庭責任和義務，總是遭遇空歡喜一場的愛情，總是付出太多得到太少，總是明明直覺已經告訴自己「不行」，可是偏偏還去做那個夢，總是像個母親一樣關懷照顧別人……

命數 9 者是帶有悲情色彩的人，悲在對人對事的期待不實際，空想太多。包容度如果掌握得不好，很容易變成縱容，就好比，如果媽媽對孩子的愛過於氾濫，當孩子從襁褓裡掙脫出來的時候，自然想逃得遠遠的。

命數 9 的女人的感情關係往往是母子戀，妳會對孩子氣的人很有興趣，傾向於不把男人當成年人看待。在妳這裡，男人是個大孩子，要寵著，要培養，要替他承擔責任，要監護他，甚至可以為他賺錢，從而去實現投射到這個人身上的願望。只是，當妳發現這個男人並不是妳所期許的那樣，分手離婚的念頭就會一直在妳腦海裡盤旋。但妳仍舊很難放棄，畢竟付出太多了，最後仍僥倖地希望他能如自己所願。直到「孩子」先走一步，告訴「媽媽」我受不了您了，我想做個大人，或者「媽媽」無望到了要放棄這個孩子的監護權，這時妳的夢破滅了。

喜歡妄想是妳的致命傷，妳憑著超強的想像力，經常會產生不切實際的妄想。比如，這個人本來只有一點微不足道的小聰明，愛才的妳卻多麼希望他才華橫溢；那個人本來已和妳無緣，到了分手的邊緣，可是當妳看到他對朋友的孩子表現出喜愛的時候，妳立即想到，假如我們結婚有了孩子，是不是關係就會好轉一些呢？可惜最後現實總會告訴妳，這只是妳一廂情願的妄想而已。

　　命數 9 的男人同樣有服務精神，喜歡照顧女人，承擔責任，懂得憐香惜玉，她越是有一種需要你拯救的柔弱感，就越能引發你的愛意。你最受不了對你好得讓你受不了的女人，因為這樣的她會剝奪你施展愛心的權利，這會令你感覺喪失了自己的價值。

　　人多的飯局在買單的時候，掏錢的人雖然破費了，但掌握了主動權，心情依舊很愉悅很滿足。而蹭吃蹭喝的人，雖然吃得愉快，可是當別人買單的時刻，心情表情都不自信。你就是那個買單的人，你要的就是這樣的主動權，除非你覺得不值得。

　　學會放手也是命數 9 者需要應對的感情難題。當一段感情已經出現危機的時候，你無法說「不」，因為這會讓你很內疚，只能任其惡化下去。你真的需要知道，沒有什麼是你無法處理的，端著明白裝糊塗，只能對自己和別人造成更大的傷害。

數字之間的「化學反應」

　　當命數 9 者生日裡 1 能量過大時，面子問題是你的一大障礙，這會擾亂你的精神意識，而讓自己顯得對事物有種苛刻的態度。

　　當命數 9 者生日裡 2 能量過大時，9 和 2 有個共同點，就是想像力太豐富，這時候，憑想像判斷往往會讓你產生嚴重的錯覺。

　　當命數 9 者生日裡 3 能量過大時，你會在感情上維持長久的關係有困難，因為你隨時都會改變心境。

　　當命數 9 者生日裡 4 能量過大時，容易在挫折面前失去鬥志，一成不變就是你的絆腳石。

　　當命數 9 者生日裡 5 能量過大時，9 是容易讓心境變化的數字，有 5 的調和，能幫你增加定力。

當命數 9 者生日裡 6 能量過大時，你具備為人民服務的美德，可是更要平衡好付出與索取的關係。畢竟 6 和 9 同是需要無條件付出愛的數字。

當命數 9 者生日裡 7 能量過大時，智者更需要自信，堅定的信仰會成為你開啟智慧之門的力量。

當命數 9 者生日裡 8 能量過大時，在無慾與有慾之間有對立面，可是也能相互扶持。從事業心獲得財富去幫助更多的人，才是最可行的大愛之舉。

特殊命數：卓越數

卓越數是帶有雙重力量的數字，出現在命數中常見的只有 11、22、33。具備卓越數命數的人，自身具備兩個數字的力量，同時兩者共同展現出來的負面情緒，也是導致自己矛盾重重的關鍵。

一個有卓越數命數的人，其人生課題的學習，比其他人難度更大，因為既要發揮出雙重潛能，又要克服人格分裂特質。但此類人一旦超越和完善了自己，所獲得的成就也會更為輝煌。

有卓越數命數的人需要在教訓和磨難中增長自我認知，其人生帶有更為艱鉅的使命。

命數 11：人與魔鬼（或神）的較量

命數 11 的人外在表現有典型的命數 2 的特徵（可參照命數 2 的解讀），但同時內心的狀態又是命數 1（可參照命數 1 的解讀），這兩種能量在命數 11 的身體裡較量，就如同人與魔鬼的抗爭，正與負的抗爭此起彼伏。

你有理想，不甘於平庸，心中總會萌發「做大事」的雄心。但數字 2 的能量又會把這種自信給拉扯回去，經過周密的分析思考後，你又裹足不前，只想不做。遠大的理想高不可攀，與力所能及的當下狀況相差甚遠，就如一個還沒有解決溫飽的人，腦子裡整日想「我要造一個城堡，成為那裡的主人」，這理想在現實面前是不是有些可笑呢？

你是有超強直覺的人，能敏感地察覺周圍的資訊，並會從中受到各種啟發。這種覺知能力假如善加利用的話，會令你成為最有先見之

明的智者。但是，你必須注意要從現實出發，一步一腳印接近自己的目標，而不是沒學會走就先要飛起來，這樣只能摔得很慘。

你有領導力，喜歡支配，要做主角而不甘心做配角。只是在你的人生裡，你總會不自覺地走向配角之路。這讓你很難平衡，於是就在自卑與自負之間徘徊起來。找到真實的自我是你人生的一大課題，這個課題不是「我想做什麼」，而是「我適合做什麼」。一旦達不到所想的目標，你就會出現急於證明自己的魯莽舉動。

命數 11 的人都是聰明人，既具備數字 1 的強悍，也有數字 2 的柔性，有雌雄一體的特點。如何平衡好這兩股力量，還真不是件容易的事。一個有能量的人最該清楚自身的強弱，不能在弱的時候出擊，在強的時候退縮。對於你，最可行的修練就是先把腳落在地面，克服數字 1 的自大與眼高手低，克服數字 2 的軟弱與依賴心，從小事做起，慢慢才能實現你的「城堡夢」，而不是急於證明自己的強大。

我曾在部落格寫命數 11 的時候，寫了這樣一段話：「通常乞丐只嫉妒比他能幹的乞丐，而不會去嫉妒一個富翁，而命數 11 的人假如是乞丐的話，基本上不會與同行攀比，而是非要跟富翁站在一條線上。」一個命數 11 的人看到後對我說：「你為什麼不想，這個乞丐早晚是富翁呢？」沒有辦法，命數 11 者處在未覺知狀態時，就是這樣「胸懷大志」，高估自己的能力，而無法從當下出發。

命數 11 需要一個從愚到智的過程，在這個過程中，你要勇於認可自己的愚，才能看到自己的智，用經驗和悟性來平衡 1 和 2 的衝突，此時的你才有可能成為非凡的人才。在數字學上有這樣的說法，命數 11 的人要嘛是實現偉大成就的人，要嘛就是自我毀滅的庸人。

命數 22：執行你的先見之明

　　命數 22 同時也是命數 4，而且也帶有 11 的能量。陰陽學中有個道理「陰極至陽，陽極至陰」，命數 22 具備相當大的能量，如能具備自信心，會擁有神奇的將夢想變為現實的能力。

　　你有預知的能力，兩個數字 2 的直覺力是你最大的天賦，你洞察力非常敏銳，能察覺到各種資訊。尤其對人的觀察，細微到對方一個眼神一句話，你就可以判斷出真偽虛實。這種能力讓你做事小心謹慎，但注意不要用過頭，不然會給他人帶來很大的壓力。

　　與命數 11 一樣，你同樣也是充滿遠大的理想，期待自己有一番作為。但你的通病也與命數 11 相似，就是想得太高太大，卻缺乏實際基礎。而且由於數字 2 的能量過大，你更加愛胡思亂想，卻又缺乏自信去實現理想。將想法付諸行動是你需要學習的關鍵一課，畢竟你有數字 4 的能量，要靠實幹來完成你的期待。一旦好高騖遠，你就會成為一個依賴心極重的人，窩在家裡放眼未來而不顧及當下，做了無數的計畫都是紙上談兵，一邊不滿現實，一邊又雄心勃勃，這樣的人生是不是很痛苦？

　　在沙漠裡，一個有先見之明的人靠感知察覺到遠方有條小河，口渴難耐的他恨不能插上翅膀飛到河邊。可是他對自己的這個判斷沒有信心，他不停地想：萬一那不是條河怎麼辦？走到那裡我豈不是白費力氣？等想好下定決心，已經一天過去了，他更加口渴，幾乎要暈倒了。於是他開始計畫如何走到河邊。他預計用一天的時間到達目的地，可是剛走一個小時，他就打退堂鼓了：算了，等我走到那兒時，也許已經渴死了，現在這麼辛苦有什麼意義呢？於是這位有先見之明的人放棄了目標，最後乾渴而死。

命數 22 的人需要學會說做就做的行動力，並堅持到底。你並不是沒有這個能力，畢竟你也是命數 4，有很強的執行力，關鍵要看你能不能將所想的付諸實施。

　　你非常需要累積經驗和實幹能力，這是你的個人使命。與命數 11 不同，11 是靠靈性與思考找到自我的啟發，而 22 則是靠實幹來落實你可行的大構想，你更需要加倍的行動力。否則你就會像那位沙漠中的先知，因退縮自滅生路。

命數 33：真善美的求證者

　　命數 33 有卓越數之師的說法，33 融合了 11、22、3 的特徵，加上 6 的完美主義與關愛精神，擁有的是最高力量。

　　但做為卓越數，共同的艱辛就是克服人性裡的各種負面因素，如 11 的支配慾和好勝心，22 的猶豫不決和缺乏勇氣，還有雙重 3 的膚淺與不成熟，以及數字 6 的完美主義。能力越大的人，責任越大，所以你的挫折與榮耀並存，完全取決於你能否釋放正面的力量。自強而不自負，利用你的好直覺和聰明才智，不吝嗇地奉獻你的愛心，做到這一切都會讓你獲得驚人的回報。

　　命數 33 的人有個特別明顯的特徵：愛美，有對自己苛刻的愛美之心。

手記：從生日找到你的陽魂和陰魂

榮格是位奇特的心理學家，他的心理研究綜合了多種神秘文化，如占星術、中國易經、古老煉金術、畢達哥拉斯的占數學，以及中國道家文化。他的理論對西方心理學家都有很深的影響力。

榮格有個著名的「靈魂地圖」：

1. 人格面具：是靈魂用來應付外來世界的面具，在真實我和社會我之間，選擇我們所願意讓人看到的一面，這就是面具。

2. 自我意識：自我是意識中心，就像國王坐在寶座上，統治著意識的國土，但這國土對心靈而言，還只是很小的一塊。

3. 陰魂和陽魂：男人和女人的異性靈魂，這是潛意識裡的因素，既與父母的影響有關，也與天生的個性有關。

4. 自性、本我：在心靈的中間，這是人類心靈的核心本質，被許多原型圍繞，也許這個原型是搗蛋鬼，或是魔術師、外星人、死神等等。有的原型很難被自我接受，便從夢中出現。本我包括各種年齡，不在我們的時間向度之內，這也意味著本我會貫穿我們的一生。

關於1、2、4三點，不在我要探討的範圍，而對於3，其中關於陰魂和陽魂的說法，則是最有意思的人性特徵。陰魂是男人潛意識中女性的部分，陽魂是女性潛意識中男性的部分。用白話說就是，別看你的外貌、生理是個女人或男人，但在最隱密的內心處，你另有一個男人心理或女人心理。

打個比方，那種事業強悍感情上脆弱的女強人，就是陽魂特徵明顯的女人。為什麼這類女性在工作事業上打不垮，而在感情上卻正相

反？這與社會傳統強加給女人的一些觀念有關，例如，妳要像個女人的樣子，妳不能太強了。天生性格與傳統觀念一旦衝突，人就會在情感狀態上不自然不自在，會把自己先放在一個弱勢的情感位置上，卻依舊用強勢的性格去相處。而假如能正視自己的陽魂特徵的話，屬於陽魂的女人們就不用去爭當小女人了，當個頂天立地的大女人才是正道。而那些陰魂特徵強的小男人們，更用不著因脆弱敏感、情感豐富而感到自卑了。

許多人因人格分裂苦惱不已，這是普遍存在的集體潛意識症候。因為現代文明，我們逐漸失去了與大自然之間的「神秘參與」。不過，陰魂和陽魂是天性，不是後天形成的，從你的生日就可以找到你的陰陽魂。

把你的生日列出來，來看一下有幾個奇數和偶數。我找個明星生日做例子，如范冰冰，她是 1981 年 9 月 16 日出生。從她的生日上我們看到，1、9、1、9、1 為奇數，生日數為 1+6=7，還是奇數，再找天賦數 1+9+8+1+9+1+6=35/8（天賦數和命數）。

這樣整合下，她一共有 8 個奇數，3 個偶數。這樣看的話，范冰冰儘管外貌是女性化的，其實她是有很強的男人心理的女人。有事業心的女子基本都是陽魂比較明顯的。因為奇數為陽，偶數為陰，生日裡奇數多的人都相對獨立好強，服從心差，脾氣衝，競爭意識強，偶數多的人則依賴心重、細膩敏感，善於配合，當然也軟弱。

畢達哥拉斯說過，每個數都有美醜，每個數都有男女性別。瞭解了這一點後，最好能誠實接受自己的特徵。假如女人陽性的一面過強的話，不要去自我懷疑「我是不是過於好強了？不行，我得改改」，這是天性改不掉，何必要改？不如善用這個強，去發揮妳的陽魂優

勢。而陰性特徵強的話，最好也別被他人的成功能幹所影響，要是非逼自己去做無能力勝任的事，也是種煎熬。柔軟也未必就是壞事，沒有你的柔，如何克他那個剛呢？

　　這世界本身就是個八卦圖，由陰陽組合而成，不管你是男是女，是陰是陽，是奇是偶，這都是你的靈魂。

先天數──天性真面目

　　先天基因數由出生年月日組成，如 2010 年 5 月 21 日生人，出現了 215210 一組數字。先天基因數字如我們的基礎密碼，它不摻雜後天潛能部分，僅僅是單純的天性透露，也就是說，這串數字就是我們的真面目。

　　我們活著，是為學習而來，這是一個養成遊戲。你要允許自己逐漸成長，就像嬰兒學步，從爬到學會步履蹣跚地行走，再從走學會跑起來，這需要一個又一個階段來完成。

　　年、月、日的數字有不同的分工，代表了人生三大階段的養成過程。

出生月──第一階段（型塑啟蒙期）

　　你是幾月生人？出生月數字代表人格形成階段，這個階段大概包括從出生到青年期，出生月數字可代表這一階段的性格和行為方式。

　　「三十而立」是孔子的一句名言，後人因此常把 30 歲當作成熟自立的開始。假如男人到了 30 歲依舊一事無成，就會被認定為生活失敗，而許多女性更把 30 歲當作婚嫁的最後期限。「我都 30 歲了還沒結婚，我是剩女！」「我眼看 30 歲了，沒有男朋友很著急」，這些緊迫感很容易造成女性自我貶低或急於求成的心態。

　　時代在變化，有些老話只適應當時的年代，如果套用到當今，就會成為一種束縛。30 歲是否能立，是否代表成熟，對每個人來說答

案都不同。總之，大概 30 歲之前，這是人最重要的一個成長階段。在這段時期，包括性格特徵、家庭影響、學習方式、環境背景等，都會對人的成長造成影響。

從生月數字可以看出你成長期的命運特徵，由命數來決定你成長期的長短，不同命數的人有不同的成長階段，這與個人性情有很大聯繫。如型塑啟蒙週期最長的就是命數 3 的人，需要 34 年的時間，這也剛好符合命數 3 人的晚熟特徵。而週期最短的是命數 2 或 11 的人，他們的成長年齡範圍在 0 ～ 26 歲，也就是屬於早熟型的人。

以下是第一階段年齡範圍對照表：

命數	第一階段	命數	第一階段	命數	第一階段
1	0 ～ 27 歲	4 或 22	0 ～ 33 歲	7	0 ～ 30 歲
2 或 11	0 ～ 26 歲	5	0 ～ 32 歲	8	0 ～ 29 歲
3	0 ～ 34 歲	6 或 33	0 ～ 31 歲	9	0 ～ 28 歲

出生月數字也就是第一階段成長關鍵數，如某人命數為 8，生月為 4 月，那麼在他 29 歲前，他的生活模式有明顯的數字 4 特徵。

生月數計算方式

數字的計算都是以簡化到個位為止，1 ～ 9 月生人，出生月都為單數，如，5 月生人的生月數為 5，8 月生人的生月數為 8。
11 月和 12 月生人，必須要簡化到個位數，11 月的出生月數為 1+1=2，12 月的出生月數為 1+2=3。其中最特別的生月是 11 月，因 11 是卓越數，具備兩個 1 和一個 2 的雙重影響。

1月生人：

　　你從小就展現出一種獨立感，身邊總會隨時出現需要你幫助提攜的人，你也很樂意以強者的姿態自居。你很不喜歡別人對自己指手畫腳，包括你的父母，否則你會過得比較壓抑，因為 1 的能量就是「我說了算」。

　　青少年時期你需要擔當重任來證明自己的價值，你的責任感很強，做事有能力，很難被忽略，所以小領導者這些身分能讓你發揮好天生的領導力。1 月生人性情孤傲，自以為是，很難接受周圍的反對意見。這種頑固與自尊過強、好勝有關，因此，你在年輕階段最需要認清自信與自卑之間的區別，而不是只懂得粉飾表面的強大。

2月生人：

　　你的感覺敏銳，擅長分析總結，具備準確的直覺力。你給人印象多少會有點理性，這與你總是想得太多有關。假如對一個問題反覆衡量利弊的話，自然就失去了最初的直覺，讓人變得猶豫不決。在青少年階段你有超強的依賴心，看似比較好相處，實際上，在「柔軟」性格的背後，你也非常任性和情緒化。

　　因 2 有兩極分化之意，基本算是一個矛盾體。你會一方面精於分析，有自己的主見，可是另一方面又不確認自己的思考，更希望從別人身上獲取力量，包括讓別人幫你做出選擇。

3月生人：

　　3 月生人有著聰明靈巧的性格，喜好文藝，能接收各種新生事物。因 3 這個數字太注重外在形式，難免會忽略內心的真實需要，所以 3

月生人在此人生階段當中，常常外樂內憂，隱藏自卑和悲觀，刻意誇大樂觀。

你最怕被否定，十分渴望身邊的家人和朋友能時刻注意到你的存在，並渴望能得到他們的鼓勵。你在青少年階段比較奔波忙碌，精力不集中，浮躁，無法在精神方面成長，給人長不大的印象。

4月生人：

生在4月的人做事會比較「穩」，不管性格是張揚還是內向，你特有的穩定感，時常會給人外粗內細的印象。你算是比較精明的人，這與數字4需求安全有關，沒把握的事不會輕易去做，必須周密計畫後才會行動。你在青年階段不管外在如何活躍激進，內心或多或少都有些保守，給自己的限制過多，並喜歡糾結細枝末節，固執己見。

你求實際，很小就懂得生存之道的重要了，這可能與父母傳統觀念比較強有關，或者你的家庭在物質方面有一定壓力。

5月生人：

生在5月的人有顆驛動的心，對很多事物都有興趣。你是自我主張強悍的人，從小就不安定，經常會有心血來潮的決定，例如漫無目的地遊走，或者離家去尋找自由。在青少年階段，生於5月的人經歷的事情比較戲劇化，喜歡冒險，勇於放棄與開始，完全憑性子做事，很怕被束縛。但有時也會出現自由散漫、無法無天的叛逆行為，惰性強，有時做的決定讓家長和旁人很難理解。

5月生人主宰自己的能力比較強，你的隨性也會造成自己搞不清楚選擇的路是對還是錯？是勇敢還是逃避？

6月生人：

即使你外在看起來對時尚前衛的事物充滿興趣，還是掩蓋不住你骨子裡的傳統。你道德感很重，所以多少會內外表現有些不同。6這個數字與家人、責任分不開，當你決定事情的時候，考慮最多的是父母的感受，責任心的評判，這都會成為你選擇的標準。你是非常孝順的人，為了責任會去承擔超能力範圍的事，這會讓你的內心感到不平衡。

6月生人的青年時代在感情上的得失折騰比較令人頭痛，愛照顧別人的需要，所以，此階段的重大課題就是真正懂得施與受的關係。

7月生人：

此月生的人智慧高，愛思考，尋求真理，但從小到大都比較孤僻，很難與人相處。你的疑心重，遇到問題總會反覆衡量，角度比較悲觀，甚至會陰暗。你習慣用一種自以為是的邏輯看待世界，你懷疑的眼光正來自於對自己的不信任，由此你的不安全感也就特別強烈。

你是靠自我反省進步的人，必須想明白，想徹底，找到問題的根源才能叫自己安心。你很容易被正規學習之外的東西吸引，這恰巧能啟發你正確的思考方向。

8月生人：

年紀小的時候，你就知道金錢與成功的重要性，即便是你清高地否認，內心的慾望還是無法忽略掉。只是，注意力都在現實上的時候，難免會忽略其他。你是有能量的人，洞察力也很出色，還具備一定的領導力，這些都能助事業一臂之力。但是急於求成的心態反而對你的

成長有一定阻礙，使得你很難一步一腳印走向你的目標。

對於 8 月生人來說，很容易急於求成，缺乏耐心一步一步前進，而所有的「急」都來自你超強的掌控慾。

9 月生人：

生在 9 月會給你的人生增加難度，因為這是人性與神性結合的數，你會是利他人的無私者，但哪個人年少時不是以自己的喜惡為出發點呢？這只能叫你壓抑自己的私慾，使你顯得非常孤單。

你是有靈性的人，在成長中會逐漸顯露，從小到大你總能接觸到與神祕相關的事物，一件又一件事堆積起來，會把你帶到重視心靈發展的層次。

9 月生人經常有催眠式的想像力，沉浸在理想與現實無法統一的情結裡。這一點最影響的是你與現實環境的接觸，包括人際關係，情感。你眼光是挑剔的，追求的完美僅僅存在於幻想中，只是種錯覺。

10 月生人：

與 1 月生人不同，因為多了一個天賜的 0。10 月生人儘管有 1 的特點，但要少些尖銳強硬的姿態，在做人上圓潤許多。你看起來隨和親切，有時還能屈能伸，實際上你骨子裡有著十分好強的鬥志，傲氣也很重，有極強的表現慾。

由於 0 的影響，會削弱 1 的霸氣，但同時也多了優柔寡斷，這就是自我意識和直覺意識之間的一個拉扯。當你面臨選擇到處問別人「我該怎麼辦」的時候，其實你心中是有答案的。

11 月生人：

11 這個數字叫卓越數，有 1 和 2 的雙重能量，它算是精神層次比較高的數字。一個生於 11 月的人會明顯感覺到青少年階段的自我掙扎。「你是自己的敵人」，這句話送給 11 月生人最為恰當。1 的自以為是、傲氣、眼高手低都會在你身上興風作浪，但同時 11 又是 2，習慣依賴，感覺細膩，獨立能力並不強，這兩種特質混雜在一起，會讓你的青少年時代心比天高命比紙薄。

冷的背後是熱，熱的背後是冷，自負的背後是自卑，自卑的背後是自負，你總是交織在這種矛盾當中。這恰好就是 11 月生人的命運，你可算是一個戰士，一旦戰勝自己就會涅槃重生。

12 月生人：

12 月生人的出生月數字是 1+2=3，是 1、2、3 三個數字的綜合體，所以在你身上會同時出現 3 種數字的特徵。你有 3 的靈巧和孩子氣，具備 2 的感性和分析力，而 1 的好強好勝也隨時要冒頭。三位一體有點混搭的意思，你有哲學藝術方面的頭腦，也很有遠見，是理想主義者，但也自相矛盾，所以各種特徵會讓你錯亂位置——束縛與自由，成熟與幼稚，自負與自信，傳統與前衛，責任與放任……等等，各種對立面都會在你的生命裡此起彼伏。

1-2-3 有節奏感，所以 12 月生人在青年時代面對的課題，就是如何讓成長的步伐走出應有的次序。

手記：星座與數字的關係

占星上有三大重點，太陽星座、月亮星座、上升星座，這三點可以代表一個人的大致整體特徵。假如把這三點形容成一件獨一無二的時裝，那太陽星座就是你個人的品牌，月亮星座是質地，上升星座是衣服的款式和風格。而加上生月數字的話，就成了——如何更好地穿出這件衣服的品味和個性。

從養成第一階段的生月數看，數字的意義與星座的意義非常一致。就如有人問我，既然數字這麼神奇，那星座還準嗎？其實，不論哪種演算方式都具備相同的結論，並沒有任何衝突，生命的規律即如此。

12 星座在占數中有重要的位置，並可從 1～9 排列出次序與代碼。星座數沒有 12 個排行，只有 9 個，因為數字到十位數必須化為個位數。

數字 1：牡羊／魔羯

這兩個星座雖然一火一土，但同樣具備數字 1 的影響力和號召力。牡羊和魔羯自主意識很強，重視成就感，也死要面子，不容反對。

生於 3 月底和 4 月的牡羊不太一樣，3 月牡羊要更外向活躍，多變，4 月牡羊的組織能力很強，性情更固執。魔羯這個星座在領導能力上比牡羊要更強悍，畢竟 1 月生人，本身就帶有數字 1 的能量。再加上實際排行是第 10 位，0 的作用不可忽視，這讓魔羯比較有靈性，少了些尖銳和攻擊性。12 月底的魔羯更有藝術感。

數字 2：金牛／水瓶

　　這兩個星座實在不搭界，沒什麼相似之處，可是同樣屬於 2。

　　金牛很有數字 2 的特徵，對美感、藝術、享受有出色的感受力，而數字 2 的倔強和分析力、不果斷也展現在金牛身上。金牛若生於 5 月，即使他們再倔強都知道自己要什麼，非常懂得堅持。

　　水瓶之所以與金牛差別大，與實際排行是第 11 位有關，並不是絕對的數字 2 特徵。水瓶理性而有頭腦，也比較古怪，擁有數字 11 的人魔一體的特徵，數字 2 的柔和只是水瓶的外在面具（生於 2 月的水瓶看起來更隨和），而內在是兩個 1，清高又有霸氣。

數字 3：雙子／雙魚

　　又是兩個不同的星座，但共同點都是雙生一體，帶有孩子氣。

　　雙子是典型的數字 3 特徵，鬼機靈話多，好奇心重，6 月的雙子比 5 月底的雙子更愛交朋友，內心也更傳統。

　　雙魚實際排行是 12，兼併 1 和 2 的特點，能配合他人不善拒絕，缺乏主見，可是又很在乎獨立。生於 2 月底的雙魚更有藝術創意，3 月的雙魚自我懷疑相當嚴重，內在兒童特徵明顯。還有一點，這兩個星座都是拒絕長大的人。

數字 4：巨蟹

　　巨蟹座與數字 4 特徵完全吻合，需要安全感幾乎神經質了，很在乎穩定與實際。

　　6 月巨蟹自然有 6 的熱心腸，朋友多一些。7 月的巨蟹想得太多，疑心重，也愛挖掘真理，相較 6 月的巨蟹要孤僻很多。

數字 5：獅子

獅子座給人的印象有老大威風，有霸氣，但實際上這個星座是最喜歡自由的，因怕被牽著鼻子走而先聲奪人，所以感覺上很有領導能力，其實不然。

7月底的獅子惰性強，愛思考，不容反對。8月的獅子做事有魄力和企圖心，並在乎事業。

數字 6：處女

瞭解星座的人都知道，處女座很宿命，熱衷宗教算命的處女座非常多，愛幫別人解決問題，同時也是完美主義者。處女座與數字6的特徵完全一致。

9月的處女座對生命更為好奇，內心總有焦慮感，處在現實與逃避現實之間，道德感也更強，直覺了得。8月底的處女座有事業心，注意力多在工作和實務上，比9月的處女座少了些感性。

數字 7：天秤

12星座與數字的聯繫都很貼切，其中只有天秤屬於數字7有些令人費解，因為，似乎數字7的特徵更像天蠍。這是因為天秤的外在形象都集中在了有品味和不果斷上，可是假如結合數字本質去看的話，有品味也是數字7的特徵，而不果斷與重視邏輯、疑問過多有直接的關係。

生於10月的天秤1和0的能量很強，所以做領導上司的天秤並不在少數。數字7人有個讓人印象深刻的舉動，第一次見面，你會覺得此人很熱情，給足了人面子，但假如你不討數字7人的喜歡的話，

下次就不會再見了，可是你並不知道為什麼。這是不是很天秤特色呢？

數字 8：天蠍

　　財富與權力似乎和天蠍的追求不搭界，可是最富有的天蠍叫比爾‧蓋茲。財富與權力才是天蠍掌控天下的鑰匙，一切都來自其超強的掌控慾。假如某個時代需要打仗，財富不重要，那天蠍肯定要爭奪權力。而 8 的善與惡兩極化也是天蠍式的。

　　11 月的天蠍，比 10 月底的天蠍要心高，卓越數的緣故，所以 11 月的人，奮鬥史都很坎坷，有過很掙扎並且眼高手低的階段。

數字 9：射手

　　射手座是理想主義者，喜歡哲學，有遠見，這都與數字 9 很類似。

　　射手也有一個小毛病，就是愛說錯話，給人感覺無知，可是深究起來的話，這和想像力強有關，並不是真的膚淺。

　　射手座心直口快，表達急躁，一出口就有說錯話的問題。這與 12 月生有關，12 就是數字 3，不得不承認，射手說話不入耳，可是句句是真，非常坦白。射手座人很純真，3 的孩子氣，1 的獨立性，2 的感受分析力，再加上 9 的夢想家特點，綜合起來看非常具有多面性。

　　11 月底的射手給自己的壓力最大，很想出人頭地，12 月的射手不現實，玩樂心重，但不小心眼，而且冷不防就冒出先知先覺了。

出生日──第二階段（產出壯年期）

出生日即你的生日數字，這是影響我們成人後人格的重要數字。可把人比作一件產品，第一階段開始設計、打造、生產，是產品的製造過程，然後做為成品包裝上市；第二階段就是每個人獨有的個人形象，這一部分屬於「產出」過程。從年齡上劃分，第二階段已經從青年進入壯年期了。

第二階段的性格狀態靠生日數決定，也就是你是幾號生人。憑生日數能快速瞭解一個人的基本特徵，尤其是外在表現出的性格特徵、生活方式、心理模式，甚至包括氣質。國外有數字研究者專門寫過「生日書」，就是針對生日數字統計出的一個當天生人的普遍狀態。

生日數的特徵從小到大都會對我們產生一定的影響，屬於個人基本性格因素，但最為明顯的生日特徵展現在成年後的青壯年時期，也就是說，它主宰人生命的第二階段的部分。年紀大一些的人都會有此感受，隨著年齡增長，生日數的特點會越來越突出。

關於出生日的特徵可同時參考命數部分的詳細解析，以下是與命數對照的第二階段年齡範圍表：

命數	第二階段	命數	第二階段	命數	第二階段
1	28～54 歲	4 或 22	34～60 歲	7	31～57 歲
2 或 11	27～53 歲	5	33～59 歲	8	30～56 歲
3	35～61 歲	6 或 33	32～58 歲	9	29～55 歲

如命數 7 生日為 5 的人，在 31 歲～57 歲的階段會重點表現出數字 5 的性格特徵，在這個個人生命的第二階段，數字 5 的表現會成為其個人形象，與命數相輔相成。

生月數計算方式

如 2 月 1 日生人，生日數為 1，而 2 月 19 日生人，生日數也為 1，但要把 19 相加簡化到最後一位，1+9=10=1+0=1。每遇十位數時必須相加簡化到個位。

生日數的範圍最大，從 1 ～ 31 可細分數字的組合。如 8 號生人與 17 號生人，儘管生日數同為 8，但區別還是比較大。8 日生人會有典型的數字 8 特徵，而 17 日生人同時具備 1 和 7 的特點，這必須要結合看才會更為準確。

當生日數出現十位數的時候，也可以用這樣的形式寫下來，如 17 日生，就是 17/8，21 日生，就是 21/3。

生日數 1 ···

在第二階段，你身上有種奇特的帶動能力，無論你做什麼職業，都會被推到最前方，很難默默無聞。但要時刻注意，不要自我意識過強，過於自我中心，缺乏耐心，這都會讓你在人際上出現問題。（可同時參照命數 1 的意義）

1 日生人：

堅強的意志，自力更生而獨立，具備發明創造的天賦。

擁有強而有力的能量，能帶動周圍的人，是很出色的領導型人物。

愛做計畫，經常會冒出很好的主意，可惜完成起來有點難度，因為標榜過多，執行起來反而並不容易。

好獨處，愛思考，能在孤獨與熱鬧之間遊刃有餘。

經常把注意力放到面子上，而不是尋求心的指引。過度在意自我形象會導致自己的過分敏感，小心維護自尊也會令別人精神緊張。

自戀到有些傲慢，喜歡周圍隨時有人做陪襯，支配慾過強，即使去助人也要求獲得讚美之聲，把自己看得過於強大。

逞強好勝僅僅是為了別人的一句話，或者害怕落後於人，這樣一來對自己實力的把握就會有偏差，很難認識到自身的不足，也無法取得真正想要的結果。

在感情上也是因為自尊過強會有壓抑情緒的傾向，任性，自私，思想開明而行為保守。

10 日生人（1+0=1）：

相較 1 日生人，個性裡多了一些「彈性」，少了尖銳多了獨立和感知力。並且面對困難時解決起來會容易一些。

喜歡引人注目，從外表到智慧都需要成為焦點，假如你是個美人，也更希望他人能看到自己有頭腦的一面，而不會只滿足於外貌的吸引。

在生活中隨時會流露出領導者的氣勢，萬事不願意求人，做事一板一眼，更期待他人的服從。

注意力比較分散，隨時會被新興趣吸引，可以同時做好幾件事，所以針對不同步的人，會有些嚴厲和不滿，很容易與人出現衝突。

過於愛表現，在乎被關注，這與內心缺乏自信有關，只有透過強調優越感獲得滿足。

出色的創意人才，尤其在商業、藝術（尤其是音樂和繪畫）等方面有一定的天分，可在主業的基礎上發展這類副業。

精力旺盛，可以憑活力迅速恢復身體和治癒精神疾病，意志力非常堅強。

19 日生人（1+9=10=1）：

個性頑強，做事鍥而不捨，屬力量型，同樣具備領導力，即使身分上無特權，但在生活裡也要處在「我說話是有份量的」位置上。

思維有邏輯，同時也具備藝術及文學等領悟力，看重知識的力量，好學上進，隨時會從別人身上汲取經驗，有很強的使命感。

職業選擇範圍很廣，並不會侷限在某一個地方，總是會改變環境，一旦受困必定與無法釋放領導力有關。

因數字 9 的影響，除了喜歡獨處之外，經常會本能地關注弱勢群體，能為他人著想，被人需要的意識很強。

要求過高，愛批判，追求完美，總想改變他人，以此證明「我才是正確的」。

有時會表現出與數字 1 對立的行為，如討好有權勢的人，膽怯，總覺得自己不行，紙老虎作風。

28 日生人（2+8=10=1）：

數字 1 中最強勢的人，有強烈的成功慾望（數字 8 的能量），在乎物質收穫與精神成就的雙重成功。

做事有持久力，善於忍耐，能堅持到底，始終與理想並肩作戰，並且智謀出色，是個有頭腦的實幹家型的領導者。

具備商業天分，對成就的預期更看重獲得財富，習慣用銀行裡的存款數目衡量價值的高低。這樣的人多半會在時機到來後自行創業，

擁有自己的事業。

對成功太過期待會讓你顯得魯莽粗心，只關注大事不看重細節，武斷，狂傲，偏執，自大。喜歡放大自己的一切，尤其對自己實力的評估會過於自信。

有強迫症，脾氣暴躁，愛支配命令別人為自己做這做那，習慣操控周圍。

生日數 2

善於把握人脈、加強與人合作是你第二階段的關鍵，要避免情緒化因小失大。在做決定的時候，舉一反三無可厚非，可是假如猶豫不決，衡量因素過多的話，就會錯失很多良機。（可同時參照命數 2 的意義）

2 日生人：

這是「和為貴」的代表數字，一切憑感覺，敏感細膩，處世圓通，善解人意。

很容易交到朋友，能與人協調互助。但也會過分取悅別人，依賴心重。

喜歡物質享受，對美麗的衣物和色彩都有出色的品味，在審美上有獨到之處。

有猶豫不決的性格，不乾脆，總想依賴別人的想法，而這樣會失去自我判斷。

獨立性不夠，精神上的依賴有時更強過物質依賴，當一切都交給別人的時候，失去自己會很沮喪。

太過敏感，敏感的人最容易被傷害，而傷害的來源其實是「自傷」，與別人無關。

敏感於環境和他人的態度時，會表現出緊張、健忘、愛抱怨他人，甚至尖酸刻薄。

11 日生人（1+1=2）：

有豐富的想像力和靈性，也具備超強的直覺力，但做為卓越數，能量波動性很大。

有時是 1，自信滿滿，對自己要求極高；有時又是 2，善於分析，對他人的評價十分敏感。時而偏執強硬，時而又脆弱，想的多做的少，逃避現實。

兩個 1 決定了你出色的創造力和好為人師的特點，思想上很獨立，愛思考，自我意識過強。同樣兩個 1 組成了 2，說明你內心又很在乎和諧與平靜，重視心靈探索，有極高的精神需求。

頭腦和心會相互牽制，有戲劇化的思想和行為。精神高度緊張，經常會忽略天賜的好直覺，而靠理性總結來分析去，這就會出現不實際、眼高手低的狀況。

遠見大過當下，對生存現狀總有不滿情緒，可是又缺乏改變的勇氣。

一旦把腳落在地面，而不是懸浮在空中，11 數會成為「思想家」或出色的名人，用智慧去引導和影響他人。

20 日生人（2+0=2）：

每遇到數字中帶有 0 的時候，必定會擴張或縮小數字的能量。20

日生人，要比 2 日生人更為重視感覺，更為在乎與人的和平關係。

感應力超強，憑直覺察覺周圍的資訊，甚至會產生預感。

尤其是與人相處，非常清楚什麼樣的人可以說真話，什麼樣的人不能說真話，這並非出自圓滑，而是直覺帶來的對策。

喜歡胡思亂想，神經敏感而情緒悲觀，凡事先往壞處想，讓自己產生莫名其妙的恐懼感，但或許結果並不是那麼糟糕，這簡直就是自尋煩惱。

忍耐力一流，一再妥協克制，最後很可能引爆壓抑著的不滿，要的就是一個公平。雖然在乎和平，可是往往忍耐造成的「不和平」狀況反而更普遍。

在乎細節、美感，愛享受，害怕貧窮，只是，習慣依賴別人取得幸福，萬不得已才會堅強獨立。

喜歡做幕後的操作者，為了達到自己的期許，給人施加壓力，一旦失敗又覺得自己很委屈，很無助。

29 日生人（2+9=11=2）：

這是一個帶有多重振動的數字，被 2、9、1 的能量影響，可以彙聚各種力量於一身。

富於知性魅力，重視精神與思考，對宗教或神秘學有濃厚的興趣，天生具備「慧根」。

智慧的開發與生活現狀密不可分，自我價值被認可時，覺醒能力非常強，有精神力量。假如生活安全感不夠，反而會限制開悟，表現消極而與環境格格不入。

爭強好勝，競爭心激烈，對人要求極高而不寬容，經常是站在空

中往下審視周圍，一旦出現不滿情緒就感覺失望鬱悶。但又不願意與人發生衝突爭執，這樣會使心情更加糟糕。

在生存上缺乏安全感，害怕面對問題，會找許多偏執任性的藉口逃避。負面思考過多的時候，即使很清楚會把擔心的事吸引來，還是難以克制極端思維。

當目標設置過大的時候，無法從可行的小事做起，這樣一來就會感覺生活處處受阻。

生日數 3

不管你天性如何孩子氣，人總是要成熟的，尤其是在第二階段，繼續保持小孩子的作風，很難避免在感情上遇到波折。此階段的創造力很強，如果能發揮自如，會在事業上有很大的突破。（可同時參照命數 3 的意義）

3 日生人：

頑強的生命力，能使身心在無意識的情況下很快自癒。這與你樂觀開朗的性格分不開，風趣，心胸寬，可愛，有魅力，爽朗，不會糾結在一件事上想不開。

想像力非常豐富，天生具備文字和語言表達能力。雖然有喋喋不休的毛病，可是最大的好處是不壓抑自己。

興趣面非常廣，對新生事物充滿好奇心，尤其對西方的神秘學十分喜好，並急於透過這些方式瞭解自己和他人。

精力過度分散，無法集中在某一件事上，經常是手忙腳亂同時應付好幾件事，結果哪件事都做不好。

喜歡東家長西家短，說閒話，挖苦人，但即使八卦得再熱鬧，也能保持閉口不談自己，所有可笑的事，可惡的事，都是別人的。這是最難保守秘密的人，嘴太快，甚至無意中就出賣了朋友的信任，成了是非精。

在感情上，有著激烈而極端的情緒，像個任性的小孩需要有人包容，這會造成很大的情感危機。

12 日生人（1+2=3）：

這是非常有想像力和創造力的人，在文化藝術方面有出色的感覺，可以說是天生的文藝青年。

多才多藝，懂得享受，單純，常被生活中各種有趣的事吸引，然後培養成愛好，如寫文章、畫畫、唱歌、烹飪，什麼都會一點。

喜歡與人打交道，有很好的表達能力，特別適合做律師、演員、設計，以及與廣告銷售有關的職業。

對他人要求高，對自己要求低，經常挑剔別人的毛病，而對自己的要求卻一再忽略，表面上看是大大咧咧，很隨性，其實是有逃避現實的傾向，對自己和別人缺乏信心。

外在表現樂觀積極，內心卻充滿悲觀，總覺得自己不行，還會把這種情緒投射到別人身上，例如嫉妒比自己有才華的人，看不得別人比自己美。狹隘之心會在某件忍無可忍的事後爆發，用任性的方式發洩不滿。

21 日生人（2+1=3）：

與 12 日生人有類似之處，同樣都是文藝型的人，但 21 日生人

因數字 2 在先，會在直覺與敏感度上更為有優勢。所以這類人在音樂、舞蹈、表演、文字等藝術方面極有天分。

為人慷慨，愛照顧他人，善解人意，性格裡有純真的孩子氣，很有吸引力。尤其很看重家庭和睦，也會對家人有依賴，會本能地關照他們，並且樂意付出。

擅長創意創造，有事業心和自己的目標，但會習慣用過度的自信掩飾內心的不確定。嘴上會說「我沒問題」，可是心裡會暗自懷疑：「我真的行嗎？」這樣一來就無法真實地表達自己的感受，會給旁人帶來虛張聲勢的印象。

有一種自我感覺良好是萬萬要不得的。你對家人和朋友的照顧應該是出於愛，而不是努力表現「我很重要，你們沒有我不行」，這種邀功的態度會造成吃力不討好的局面。

其實 21 日生的人精神並不放鬆，總有緊張的情緒，說話聲音要壓倒別人，喜歡爭辯，只因怕被人忽略，時刻要強調存在感。這對感情婚姻是很不利的，喜怒無常的壞脾氣會造成彼此關係的緊張。

30 日生人（3+0=3）：

又遇到帶 0 的數字，這會加深數字 3 特有的表達力，並帶有超強直覺。

非常愛說話的人，隨時會找機會與人聊天探討問題，表情豐富，就連說八卦新聞都能像表演話劇一樣，栩栩如生地講述給別人。聊到興頭上，會隨意打斷別人的話，只顧自己說個痛快。

社交能力比較強，能見面熟，不怯場，與陌生人也可以打開話匣子，很少去考慮「不熟」的問題。

語言幽默生動，能帶給別人瞬間的快樂。但很愛表現，咄咄逼人，這對喜好安靜的人來說，會有「耳鳴」的無奈。

對人相當挑剔，總認為「我的看法是對的」，透過與人說三道四來表達對某個人的不滿。也會存在一些小小的陰暗心理，用流言蜚語發洩對別人的嫉妒。

心思比較分散，抓不住重點，會有「不知道何去何從」的迷茫。30 日生人是非常典型的小孩子性情，尤其遇到感情難題，最愛用逃避的方式迂迴。

生日數 4

進入第二階段後，你會更加努力工作，這是因為生活的壓力開始無形地給你緊迫感。在此階段，你的時間大把地分配給工作，為了買房子，為了擁有更多的安全，一不小心就成為工作狂，而忽略了健康和好心情。（可同時參照命數 4 的意義）

4 日生人：

為生活穩定追求實際，存款、安定、規矩，這三點必不可少。

責任心和自律性比較強，值得信賴，做事認真，工作狂，一成不變，難免失去生活的樂趣和變化的驚喜。

對房子的需要安排在首要位置，所以為了擁有自己的房子會拼命去賺錢，有時也會因此太過奔命，忙忙碌碌為的就是一個安全感。

自給自足，做事更願意親力親為，不去依賴他人，有自己的一套規矩，不想輕易打破，例如並不會隨意更換住處、職業變動等。

有兼職的機會從不放過，例如在某個固定職業之外會從事副業，

很有生意頭腦，但野心不大，僅僅是多賺點錢安身立命。

有時對生活保障的擔心會導致「怎麼做都不安全」，沒錢的時候很不安，有錢的時候還是不安，總需要更多的保險係數，於是一生就這樣在對金錢的擔憂中過去了。

愛包攬責任，侷限在生活基礎上，無法從心靈上得到更多的出口，害怕變化，要小心循規蹈矩的日子會有心態早衰的可能。

13 日生人（1+3=4）：

1 和 3 的組合會讓這樣的 4 在實幹的基礎上多了勇氣和靈氣。

同樣不喜歡太多的變化，比如可以長期從事一種職業，不輕易更換，但在想法上會時常有些創新，額外的愛好也比較多，能很好地把務實與興趣分別對待。

有很出色的管理組織能力，可以做平易近人的領導者，也可以是可靠而不死板的員工。

缺錢往往會成為做事的動力，1 的魄力＋3 的樂觀，會讓這個「4」表現出很大的跳躍性，安全與玩樂一個不能少。

責任感很重，經常忙忙碌碌，愛交朋友，對神秘文化和宗教哲學等充滿興趣。

外在強大，內心脆弱，往往重視表面的成就而侷限心靈成長。脾氣頑固，太過堅守自己的看法，不通融，不寬容，經常被誤解。

家庭的穩定關係到幸福的開始和運氣的提升。

22 日生人（2+2=4）：

兩個 2 的組合會增加更靈敏的知覺，與其他的 4 不同之處就在於

覺悟很高，重視自身的心靈發展，而不是把精力全部投入到追求物質
穩定上。

假如能完全信任自己的直覺的話，很多事都會水到渠成，比如判
斷人和事，只要信任第一印象，基本都不會錯，就怕胡思亂想，擾亂
這奇妙的覺知能力。

這是一類有著超強想像力的人，可以憑天馬行空的想像創造夢
想，在藝術或醫學等方面有天賦。

非常在乎家庭，出於責任心能為家人帶來安全穩定的物質保障，
而且多數 22 人很喜歡在家中完成一些思考，除了家，其他嘈雜的環
境都會導致自己的心煩意亂。

有杞人憂天的煩惱，總是擔憂未來的事，而忽略當下。

性格太過敏感，與人相處的時候防備心重，很怕被人侵犯，會有
暴躁無情的舉動，所以在人際關係上有點不和諧。

31 日生人（3+1=4）：

這算是比較強勢的組合，有勇往直前的魄力，是開創事業的絕佳
人才。

喜歡引人注目，不甘寂寞，隨時要展示自己的才能，而有趣的是，
這樣的人像是有魔力一樣，無論做什麼都能得到關注。

性格活躍，心態年輕，屬於性格頑皮、思維成熟的人，愛笑，有
自信，喜歡玩樂，享受。

安全感是數字 4 做事的動力，31 日生人也是如此，好強能幹，
只不過多了一些輕鬆樂觀的狀態，很懂得按靈性的指引去工作和生
活，並且愛好哲學，喜歡表達。

領導慾強，愛強調自己的優越感，說話沒遮攔，大體給人感覺很真實，可是偶爾也會因為太愛表現而顯得做作。

積極參與社交，喜歡拋頭露面，愛自由，不喜歡獨居和承擔責任，有很個人主義的傾向。

生日數 5 ••

在第二階段，你有突如其來的人生改變，不論從思想還是現實的角度看，你都與之前有所區別。在生活上你就像重生一般，過去的舊模式都會被重組，不破不立，或許連朋友都會換成新的一批人。波動性強也是此階段的弊病，愛衝動，太隨性，能堅持住方向才是勝利。（可同時參照命數 5 的意義）

5 日生人：

非常有自我主張的人，一生都在變化當中尋找自己的價值。適應能力強，無論哪個環境都能很快適應，但也容易厭倦。

喜歡接受新的挑戰，隨時有新的興趣，就怕被一成不變的生活侷限住，勇於冒險，比如突然辭職去旅行，或者被某件事啟發開始學習新的知識。

喜歡表達自己的感受，擅長透過文字或者語言與人溝通，與數字3 不同的是，5 這個數字在表達方面更重視心的感應，所以你不是隨意找個人就滔滔不絕，而是非常有選擇性，遇到對方志趣相投才會有表達的慾望。

有幽默感，模仿能力很強，永遠保持旺盛的好奇心，重視探索的過程，很難人云亦云，非常在乎用事實說話。

個性頑固，頑固到一定程度必然會有偏執的傾向，既喜歡變化，可是又恐懼改變，往往會執著在某一件事上走不出來。有時愛強加給別人這樣的邏輯，「我喜歡的你也該贊同」，表現出的自大會讓人看不慣。

太過隨性，喜歡像風一樣隨心情好壞改變計畫，比如不守信，約會愛遲到，上班散漫。

14 日生人（1+4=5）：

重視心靈成長的一類人，擅長分析推理，頭腦靈活，對生命有極強的探索慾。

做事獨立，有責任心，很擅長那種可單獨完成的職業，例如科學研究，成立工作室，以及記者編輯。這些工作不僅有一定的自由度，所受的侷限也比較小。

渴望變化，但有時又害怕變化，在這兩者之間相互拉扯，一旦糾纏起來，便會出現懶惰、逃避問題、故意叛逆、給自己找藉口等諸多行為。

反應機敏，靠直覺和邏輯行事，愛衝動，缺乏耐心。雖妙語連珠，富幽默感，但言語無遮攔，有時會因耿直出口傷人。

相較其他數字 5 要實際一些，隨著對生命逐漸累積的認識和經驗，能將精神與物質結合在一起，當作通向智慧的橋樑。

23 日生人（2+3=5）：

多才多藝，聰明睿智，有藝術方面的才能，而且並不侷限在一種技能當中，可以同時有很多身分。

天生是個夢想家，經常受到夢境的啟發而生發出靈感。預感很強，靠直覺可以決定選擇。有出色的洞察力，學習的方式不按常理，經常有自己的創新。

性格豪爽風趣，為人真實，敢說真話，有純真的心態，很有人緣。正直道德感強，但也因能看到別人的動機而愛批判，嘴碎挑剔，自戀。

做事認真，有時也認真到偏執，讓自己馬不停蹄，即使心力交瘁，依舊難放下，不知道為了什麼在拼命。

對家人有責任心，無論多忙都能牽掛家人，重視親情和朋友，願意承擔很多責任。

有時極不成熟，任性胡為，完全不顧及後果，固執起來不可理喻，給人壓力非常大。

生日數 6

你喜歡背負重擔前進，在第二階段你的注意力更多在「家」的部分上，但也正因如此，這段時期，家人和個人情感會成為你的動力所在。這是有收穫的一個階段，你會逐漸成為某個團體的重心，並逐漸擁有了成熟的魅力。唯一要注意的是，不要對他人過於地「好」，不然就成了多管閒事了。（可同時參照命數 6 的意義）

6 日生人：

熱愛大自然裡的一草一木，心地善良，樸實親和，愛照顧家人和朋友。

喜歡朋友到家中做客或去串門聚會，對欣賞的人會生出本能的親密感和依戀，希望和他們親如手足。家人是你一輩子的重點，從父母

的家庭開始，到結婚成家後，家始終是你生命的中心，家庭幸福與否直接影響到你事業與運氣的發展。

生性敏感，就像一朵花，絢麗盛開的時候是因為聽到讚美，而枯萎的時候一定是遭遇了批評。

愛享受生活，對穿衣、烹飪、佈置家居都有濃厚的興趣和感覺。熱愛藝術，感覺細膩，善於觀察，熱愛與精神相關的事物，並樂於參與進去。

樂意為他人服務奉獻，人緣極好，值得信賴，但有時也會隨意承諾，對別人的求助無法拒絕，好打腫臉充胖子，同情心氾濫。

好多管閒事，過分關心別人的隱私或為別人的生活瞎操心，也會私下表示不滿，對他人品頭論足，嘴上會說「別著急慢慢來」，轉身就成了「不可救藥了」。

即使自己過得不好，也想拯救別人於水火之中，總在別人身上找那點小價值。

15 日生人：

明智而清醒的人，憑覺知可以感受到周遭一切，獲得知識的方式不是靠書本和勤奮學習，而是靠見識和洞察力累積出來的。

喜歡冒險，對藝術及美食都有極大的興趣，喜歡居家生活，對色彩有敏銳的鑑賞力，而且可以憑色彩調節心情。

有自醫的能力，也可以透過語言和傾聽治療他人，是念力強大的人，這完全取決於思考的角度是積極還是消極，例如，當消極悲觀情緒到來的時候，想「壞」的就會很容易實現「壞」的。

做事容易上癮，一旦投入某件事中，為了結果會執迷不悟，極端

固執。對周圍的一切都帶著挑剔的眼光，追求完美，這樣會失去包容力，而且很難真正愛上誰，畢竟每個人都是「有毛病」的。

太以自我為中心，有時為了自己的喜好會強迫別人跟隨，例如，「我喜歡這幅畫，你不喜歡是沒品味的表現」。

有愛心，但一定親力親為，不相信任何慈善機構能比自己做得更好。

24 日生人：

這是非常有美感的一類人，生性溫柔，熱愛美景、美衣、美食，對一切美麗的事物都充滿迷戀。包括對音樂、戲劇、電影的鑑賞力也極佳，不少 24 日生人都有文藝天分。

重視感覺，同時也是個實用主義者，愛幻想可也不會遠離現實，懂得從「可行」角度去考慮行動。金錢是必不可少的幸福基礎，無論做什麼，出發點都是「我要生活得舒服一點」，或者為家人。

做事有條理，有規矩，一點一點去完成，並不急於成事。2、4、6 都是陰柔數字，攻擊性不強，但相當聰明，善於精打細算，對家庭有責任感。對時機的把握有天生的感覺，每一個轉機都恰到好處。

性格憂鬱，心重，情緒變化無常，尤其對拒絕有很矛盾的心理，一方面反感被求助，可是同時又不得不承諾去幫人，這不免讓自己生出許多抱怨和不滿。

當生活水準沒有達到自己的要求時，對他人優越的生活充滿羨慕，這時會生出嫉妒心，既渴望又憤恨。

生日數 7 ·····································

在人生第二階段，你會逐漸從「十萬個為什麼」的質疑態度走向心性的成熟，並能發揮你的頭腦優勢，表現出更強的說服力。擁有成熟的智慧，是你此階段的大方向。尤其對從事研究工作的人來說，這個階段你會如魚得水，但要清楚，你的好運不是自己找來的，而是機緣突然來臨。所以，靜觀其變對你最重要，不要盲目地放棄你擅長的東西。（可同時參照命數 7 的意義）

7 日生人：

具備敏銳的頭腦，以及深層心理分析能力，能無師自通學習多種技能，對人性以及真相有濃厚的探索慾。

直覺非常強，7 的直覺特殊之處在於判斷能力，例如感覺某人最近會有事發生，這種直覺會突然果斷跳出來，而且基本上不會錯。

有「算命」的本事，越是勇於肯定出口的結果，準確率越高。包括對人的判斷也如此，往往憑感覺比邏輯分析更準確。

但這種強烈的直觀能力也會造成自我意識過強的問題，太過依賴自己的想法，「我認為就是這樣」，頑固主觀，愛下結論。無法接受他人觀點，除非遇到更睿智的先驅，才會在有相同依據的前提下苟同對方的意見。

事事愛質疑，只要頭腦裡出現問號，必定先從最壞的部分開始思考，為什麼會這樣？根源是什麼？無數的蛛絲馬跡需要調查個水落石出。這會造成焦慮感，不放鬆，所以 7 日生人時常有黑暗層面的臆想。

好孤獨的人，喜歡獨處思考人生。對成功有懼怕感，在逆境中感悟良多，一旦生活太過順利，反而有莫名的不安。

16 日生人（1+6=7）：

富於智慧和才華，喜歡工作，有時十分忙碌，但因為有獨特的知性與性感結合的魅力，會擁有旺盛的人氣。

熱愛家庭生活，並以家人為生活的動力，甘願為家庭付出奉獻。

1 和 6 的組合，會增加更多的直覺力和同情心，但因洞察力過於出色，與人交談時，對方的一舉一動都必須真實透明，所以很反感做作不真實的人，只要發現對方有此舉動就會察覺，並熱衷批判。

所有的生日 7 者都是好孤獨的，這剛好也是擁有自省能力的方式，因此 16 日生人同樣對心靈層面有著極大的悟性，並且對生命有獨到的見解。

性情有時會暴躁，情緒化，不容易與人長期近距離相處，尤其是情感關係，經常會有短暫的開花，但無法結果。

對情感的渴望最為強烈，只是不知道如何準確地表達，過於自我中心，因為從負面看的話，1 的霸道和 6 的挑剔會同時擴張數字 7 的「我才是真理」意識。

25 日生人（2+5=7）：

才華橫溢，並具備出色的感性與邏輯思考方式，最大的優勢就是善於從自己入手內觀自省，而不是僅僅洞察他人。

對科學無法解釋的事物充滿好奇和探索慾，如神秘學、宗教、世界之謎等，這些都會成為你生活裡必不可少的思索課題。有可能你腦中會經常閃現一些預言，但你也許不會選擇把它說出來。

有比較隱藏的個性，對自己的隱私會守口如瓶，並不喜歡與人分享，這是安全的界限。所以在與人相處中很難有親密感，你會隨時與

人保持距離，適可而止。

數字 5 的能量會使你樂意在變化中累積經驗，尤其是內心會隨著際遇逐漸強大，重視精神而不屑追求金錢，不過，用腦過多的人有時也會惰性很強。

太過糾纏細節，理性與感性之間會有相互拉扯的感覺。明明直覺已經判斷準確了，可是又覺得這樣沒有邏輯，於是又用理性去推翻，自己變來變去，這樣反而讓自己找不到任何答案。

感情方面是最大弱點，對自己的不確定會造成彼此的不安定，建立信任是個重大的難題。

生日數 8······

在第二階段，你有可能在事業方面收穫良多，你想要的在此階段均會有所實現。只是要多提醒自己不要貪心，因為慾望無止境的話往往會弄巧成拙。（可同時參照命數 8 的意義）

8 日生人：

這是具有商業智慧的人，看重個人成就，希望能出人頭地。不論暫時是學生還是小職員，經商的天分遲早會顯露出來，並一步步走入生意當中。

因渴望成功，即使從策劃開始也趨向大手筆，而看不上小打小鬧。可以憑膽識和生意頭腦獲得財富。

適合做獨立老闆，不擅長與人合作，尤其是平等關係。生日 8 的人有能力自己做出準確的決定，而且操控慾過強，很難服從和配合他人。

急功近利是所有數字 8 的致命傷，這點要牢記，數字 8 的因果論時常應驗。沒有翅膀不能飛，即使飛起一時遲早也會摔下來，所以要有耐心讓翅膀長硬。

太過以物質為成功標準，會失去心靈上的寄託，無論金錢多麼可愛，它僅僅是個工具。假如做了金錢的奴隸，就難免貪得無厭，一身銅臭而惹人厭煩。

不誠實和邪門歪道都是生日 8 人走向成功的絆腳石，而太過招搖也是你遭人反感的庸俗表現。

17 日生人（1+7=8）：

1 和 7 的組合，代表出色的組織能力和分析力結合為一體，這樣的人適合做企業的負責人，或者重大專案的策劃者，魄力和腦力相結合，會令這樣的生日 8 者如走階梯一樣走向成功。

由於數字 7 的能量，在某件事執行之前你會有周密的考量：可行度有多少？能收穫多少？潛力在哪兒？是否值得一搏？任何事都在透過質疑後才可執行，所以，生日 17 的人可以做到最好。

不喜歡別人干涉自己的決定，有獨特的做事方式。除了有商業頭腦之外，求知慾比較強，有寫作與藝術方面的天分，並且喜歡與人探討精神層面的話題。

這是生日數 8 中最不以金錢論輸贏的一類人，書卷氣多過世俗氣。喜歡音樂電影，甚至工藝品，重視生活中的小細節，敏感而挑剔。因在乎社會標準，也有跟風媚俗的傾向。

性格有點壓抑，喜歡反省自己，洞察周圍，經常會吸引到有靈性的人。但也頑固不化，尤其在失去掌控的情況下，脾氣會變得很暴躁

任性。

26 日生人（2+6=8）：

在乎小家小業富足的一類人，有事業目標，但更渴望生活和工作之間能很好地達成平衡。

為人親和有愛心，在人際關係方面有出色的協調能力，能為他人著想，注重和平，不願意給別人帶來麻煩。同時也很在乎別人的臉色。

做事可靠勤勉，願意承擔責任，這些優勢都會帶來好的回報，是個務實的實幹家和外交家。

對別人的態度很在意，這一點也會帶來些許不真實，要嘛太過一團和氣，要嘛總表現出親密和豪爽，似乎背後有個人目的。

貪慕虛榮，追求表面的人際和諧。勢利眼，喜歡接近成功人士或者在某一領域有些名氣的人，並靠此往上爬。也有可能為了出名而不擇手段，哪怕是臭名昭著也無所謂。

當生活富裕一些時會有好炫耀的特點，以此掩蓋內心的自卑和不安全感。

生日數 9 ·······································

在第二階段，你會發現自己經常會遇到很多緣分，也會參與更多的慈善活動。壯年期的你，慈悲、樂於助人，是別人心目中的大好人。只要別過於苛求現實，減少白日夢，你會感覺心是平靜的。（可同時參照命數 9 的意義）

9 日生人：

對自己有著極高的標準，看重精神層面，有博大的胸懷，人道主義者，關注自然力量，總是想方設法完善自己的人生。

有強烈的使命感，對形而上的學科十分有興趣，如哲學、宗教、神秘學等，在生活的路上隨時被這些與心靈意識相關的事物吸引，並參與進去。

興趣廣泛，關心時勢，對文化藝術領域有探索心，並具備一定的靈性。

喜歡高尚的人，看不起庸俗無知之人，內心善惡分明，表面很少與人發生正面衝突，但內心會劃分得很清楚，並對他人有高要求。

愛批判，居高臨下去看他人的弱點，角度悲觀。憑想像去判斷事物，這其中也包括假想敵和白日夢。追求「高」，無法容忍「低」，所以生活裡會經常出現較大的心理落差。

9 日生人有一個宿命，感情與婚姻上會遭遇變故，如離婚，被拋棄，這與此類人施與受的方式有很大關係。9 是付出型，而不是接受型，喜歡的人或吸引的人多少有幼稚不現實的特點，能令 9 日生人生出母性般的呵護慾和拯救心。

18 日生人（1+8=9）：

1 和 8 同樣都具備領導力和獨立性，加上數字 9 的樂於助人精神，這是一類既強悍又具備包容力的人。

你最大的動力不是出人頭地的慾望，而是來自他人的需要，如社會需要、家人需要、朋友需要，甚至在網路上也會擔當起一些責任。

你在群體中最能發揮自身的長處，願意付出幫助他人，希望被眾

人肯定。你有無數潛能可開發，如法律、政治、宗教等方面的職業，你都能勝任。

也許一開始的職業經歷並不順利，但只要勇於嘗試，就會為後面的成功鋪路搭橋。你很清楚自己的價值所在，重視心靈修養，為人仁慈，有信仰，社會活動會涉及宗教領域。

在追求物質與精神之間會有很大的矛盾，你一方面在乎周遭乃至社會的承認，視金錢和權力為成功標準，但另一方面又表現得憤世嫉俗，強調精神的高尚。

生性頑固，以自我為中心，一切都要掌控在手，無法接受任何不同意見。即使去幫助別人，依舊會藉機展示「我」的重要性。

喜歡低估別人，從而突出自己的強大，即使在感情中也是如此，你需要的是陪襯型的配偶，對方最好需要被引導和安排。

27 日生人（2+7=9）：

27 日生人相較其他 9 日出生的人要更具備思考力和敏銳的洞察力。

多才聰敏，偏藝術型，適合的職業與記者、作家、教師，演員相關，善於從他人身上獲取感悟。

對生命存有旺盛的好奇心，看重內心的真實需要，有出色的辨別是非能力，感覺與理性能很融洽地結合在一起。

吸引力法則對這類人最為奏效，當你想做成一件事，只要「成功」的想像揮之不去，必定會成為現實。與其說是「吸引力」，不如說這其實是你的直覺所感應到的。

比較安靜的人，自我世界豐富，對所有具備美感的事物都充滿迷

戀。

　　由於生性敏感，酷愛幻想，神經比較脆弱，缺乏現實考量，凡事都要衡量再三，疑問不斷，這會導致想得太多，做起來太難，思緒總也安靜不下來。

　　在感情上樂意付出，但妄想過多，習慣自欺欺人地誇大對方的優點，但實際上你理性的一面很清醒，只是不想面對。

　　感情方面的挫折會是你人生中一次又一次的大地震，對感情天真地抱有太多期待，最後都會成為泡影。

　　你是天生的好演員，人戲不分。接觸宗教的原因大多與感情創傷有關，為的是找回心靈的寧靜。

手記：你討厭人家的那面你也有

某天我和一個命數 7，生日也是 7 的小 C 聊了一會兒，冷不防說起她認識的另一個同樣生日 7 的朋友小 V，小 C 這樣評價小 V：「我真看不慣她什麼都能看明白的樣子！」

這話真熟悉啊！因為有位生日 7 的朋友也曾這樣評價過她的一位同樣生日 7 的同事：「我最看不得她什麼都知道，什麼都知道！」更有意思的是，這位朋友也曾因為直覺了得，預言過我的一件事，當時我也有種這樣的感覺：她一切盡在掌握的樣子真叫人不舒服。這麼說的話，也許我這個生日 7 的人也有過讓人討厭的時候呢！

「什麼都知道」對有些人來說真是太好了，上哪找直覺那麼準的人呢？可是關鍵是要看針對誰，要是 7 對 7 就不行，因為同樣都是在乎隱私的人，同樣都是不自覺愛掌握別人、生怕被人掌握的人。在同類面前展露機靈，那可真不討好了。

相同生日的人在性格行為方面有很明顯的共性，既容易一拍即合，也會因太過相似而窺探到對方的弱點。

生日 6 的人熱心勁一來是「愛的侵略者」，假如他非要苦口婆心地勸同樣的生日 6 人，這是最無人買帳的愛心奉獻，因為另一個生日 6 人平日拯救別人慣了，冷不防被人囉哩巴嗦地囑咐來囑咐去，自我價值感會徹底喪失。

兩個生日 3 的人聊天，最該搞清楚的是，到底誰是傾聽者？兩個話癆都要搶著說話搶著表現，語速如機關槍，總要有一個閉嘴吧？

兩個生日 4 的人做朋友很容易，可是誰也不能說那苦口的良藥，

只能盡量迴避給對方提意見。只不過，既然是朋友卻不能說真話，這友誼可見有多脆弱。

兩個生日5的人相談甚歡，一路貨色，可讓這兩位一起共事試試，肯定都覺得彼此怎麼混都是在鬧獨立，一個比一個不可靠。

兩個生日2的人倒是能共事，就是不知道主心骨在哪裡，你靠靠他，他靠靠你，一靠全倒下了。

兩個生日8的人即使很熟了依舊會客套得很，總也相處不到交心處，除非有事業上的合作。但朋友之間摻和了過多的利益往來，就很難搞清楚哪個才是真的了。

生日9和另一個生日9在一起作夢都是「賣火柴的小女孩」，只是生日9們看別人眼明雪亮，能窺探到對方「你的未來都是夢話」，難免彼此貽笑大方。

最要命的是兩個生日1的人，明爭不暗鬥，誰來主控誰？都要爭第一做老大，看不順眼那是必須的。

相似的人都是對方的鏡子，你體面他也體面，你臉上有瘡，他那也癢。最好能互補，你有的我沒有，我有的你沒有，那才叫合拍。假如與同類有緣，就當那雙胞胎，不如在有成見之前，先低頭看看自己，你討厭人家的那面或許你也有，誰也別說誰了吧！

出生年──第三階段（豐收晚年期）

年份數是對每個人的晚年階段有暗示啟發的數字，這叫第三階段數。也就是說，年份數代表著豐收期的狀態，意味著一種人生的收穫。

我們也可以從身邊的老人開始觀察，像有的老年人年輕階段喜歡一成不變，求安穩求和諧，但在進入老年後突然改變，思維活躍，踴躍參加各種社交活動，變成閒不住的人，這樣的老人就是進入了第三階段，年份數的特徵影響開始凸顯。

以下是與命數對照的第三階段年齡範圍表：

命數	第三階段	命數	第三階段	命數	第三階段
1	55 歲後	4 或 22	61 歲後	7	58 歲後
2 或 11	54 歲後	5	60 歲後	8	57 歲後
3	62 歲後	6 或 33	59 歲後	9	56 歲後

從以上的年齡對照表不難看出，命數 3 的人進入老年期比較晚，而命數 3 人也確實有心態外貌年輕的特點。進入老年階段最早的是命數 2（11）和命數 1 的人，聯繫到數字本質就會發現，1 和 2 本身就代表「父」與「母」。

計算方式

將年份四數依次相加，簡化到個位數。如 1983 年生，1+9+8+3=21= 2+1=3，年份數為 3。而 2010 年出生的兒童年份數同樣為 3（2+0+1+ 0=3）。

年份數字 1 ·····································

（1963 年、1972 年、1981 年、1990 年、1999 年、2008 年）

晚年階段的你依舊喜歡挑戰，所以即使到了退休年紀，你也很難放下指揮棒，仍會尋找新的挑戰，也有可能老了又煥發了新的生命力。

年份數字 2 ·····································

（1964 年、1973 年、1982 年、1991 年、2000 年、2009 年）

很多老人都有越老越封閉的傾向，朋友也沒了，生活圈極小，而你剛好相反。老年的你朋友眾多，愛好廣泛，好的人際關係還會給你帶來新的機會，包括新的戀情（這叫夕陽紅）。

年份數字 3 ·····································

（1965 年、1974 年、1983 年、1992 年、2001 年、2010 年）

不管你在年老之前是否喜歡藝術，到了第三階段，你的表達力勢不可擋，會迷戀上用文字、唱歌、演戲等方式來表達情感。「老頑童」鐵樹開花，成為社交的活躍份子。

年份數字 4 ·····································

（1966 年、1975 年、1984 年、1993 年、2002 年、2011 年）

你似乎沒有退休這個概念，即使已經可以享受天倫之樂了，可還是放不下工作。有兩種可能，一種你閒不住，只有忙碌著才會開心，另一種是家裡有生活壓力，你不得不繼續工作。

年份數字 5·····························

（1967 年、1976 年、1985 年、1994 年、2003 年、2012 年）

為了興趣工作，不管年紀多大。也許你在年老後喜歡上某個職業，然後投入進去，比如寫小說，當老年模特兒，或者酷愛上一種舞蹈。你樂此不疲地忙於這些事，看重的不是報酬，而是自由的樂趣。

年份數字 6·····························

（1968 年、1977 年、1986 年、1995 年、2004 年、2013 年）

照顧晚輩是你年老後義不容辭的任務，你喜歡其樂融融的家庭氣氛，這讓你很快樂。你很值得人信賴，所以在這把年紀會成為知心叔叔或知心阿姨，總有人會找你傾訴，你會因此很滿足。

年份數字 7·····························

（1969 年、1978 年、1987 年、1996 年、2005 年、2014 年）

到了晚年，你很喜歡孤獨，不喜歡熱鬧。一個人上上網，寫寫人生心得，自得其樂。此階段你有很多人生道理要表達出來，也有不少需要學習的新知識，活到老學到老，你是典範。

年份數字 8·····························

（1970 年、1979 年、1988 年、1997 年、2006 年、2015 年）

你會發現在此階段，你比年輕的時候還要忙碌，各種活動要參加，社交頻繁，事業上享受成就，生活上無限風光。即使到老，你還是要成就感，希望被關注。

年份數字 9 ···

（1971 年、1980 年、1989 年、1998 年、2007 年、2016 年）

　　這是你修成正果的階段，假如之前的階段你是積極的，打下了好基礎，那麼後面這個階段你很可能會有高尚的靈魂。有錢的你是慈善家，有才的你是拯救靈魂的使者。

手記：年份廣義上的群體意識

「×0年代」的整體狀態幾乎成了象徵文化，尤其社會對80年代的人普遍現象曾有過激烈的爭論。假如用數字來詮釋這種現象的話，就會發現，時代的特徵變化很難超出宇宙對人類的「算計」，數字振動賦予了人們大環境下的普遍集體意識。這就是廣義上的群體使命感。

如果將不同時代的人細分到更具體的年份，又會出現完全屬於個人的年份數字。如1981、1982、1983、1984年生人在數字方面有所區別，我們也可以觀察一下，四個年份所生之人在共性上明顯不同：1981年生人相較更加獨立有魄力；1982年生人則重視感覺，有依賴心；1983年生人思維活躍，有熱衷八卦的特點；而1984年生人則對家庭物質穩定的需求更為強烈……以此類推，瞭解1～9數字的基本含意，都可以結合年份數字洞察這些微妙的差異。

60年代（1960年～1969年出生的人）

60年代的人從一個風雲變幻的時代走過來，目睹過大環境從混亂到有序的過程，在思想成型過程中，渴望美與和諧。但整個狀態會呈現數字6的批判意識。60年代中叛逆的青年成為普遍性，而他們宣洩的出口選擇了現代藝術，如詩歌、美術、哲學、搖滾樂等，並明確對抗主流文化。

60年代展現了數字6拯救世界的慾望，奉獻、社會責任、追求完美、藝術啟發成為這一代人的重要使命，當今60年代當中擁有最

多藝術成就的佼佼者。

70 年代（1970 年～ 1979 年出生的人）

70 年代的人挖掘真理的熱情一直沒停止過，這代人對文化思考的渴望勝過任何一代人。70 年代的人也最掙扎，逃避現實可是又不得不面對物質世界。數字 7 本質意義就是質疑與思索，現實與精神的矛盾很難平衡。70 年代的人看似叛逆，但實際上並不純粹，內心總有些交織難解的對立因素，這種不確定感讓這一代人處在夾層中，既不如 60 年代的人勇於奉獻，也不如 80 年代的人坦然接受現實。但70 年代的人承載的是一個覺悟的必經過程，就是來自數字 7 的自省力。

80 年代（1980 年～ 1989 年出生的人）

80 年代的人對成功與財富有著更多的渴望，受數字 8 的影響，80 年代的人最關心的是物質穩定和價值肯定，以金錢和權力做為衡量標準。這是務實的一代，同時也背負著社會轉型期造成的各種不適應，但不得不承認，80 年代的人有將現實與精神合二為一的能力，他們的注意力在個人身上，一切出發點都要從「實際」做考量。所以這一代人當中出現的實幹型年輕精英已經形成氣候。

關於 80 年代的人之爭議曾風靡了很長時間，批評多稱讚少，有人甚至認為 80 年代的人是最現實最自私的一代。而批判 80 年代的人的基本都是 70 年代的人，這是有原因的。從數字關係的角度來看，清高的 7 不屑於 8 的務實與目的性，而 8 對 7 的紙上談兵、光說不練同樣很難理解。這是兩個有對立觀念色彩的年代人。

90 年代的人（1990 年～ 1999 年出生的人）

90 年代的人由獨生子女組成，從出生開始生活環境就相對優越，沒有經歷過歷史和政治上的動盪，也沒有經歷過大的經濟波動。這一代如今已成年，網路文化又被 90 年代的人們運用到了極致。富二代、啃老族、非主流群體遭到線民的不齒，於是 90 年代的人的自我認知與思考能力遭到質疑。

數字 9 從低層能量看，有惰性、愛幻想、對現實的認識有無力感，但 9 同時也是要走向心靈覺醒之路，它的使命就是發揮人道主義精神。目前的 90 年代的人僅僅是青少年期，他們還沒有真正地成長，未來也許會讓 90 年代的人有質變的可能，因為數字 9 有「在變革中提升自我」的含意。

00 年代（2000 年～ 2009 年出生的人）

到了 2000 年後，一切大改變，數字 1 的主宰自我意識不在了，數字 2 的平衡力和感受力開始取代 1 和 9 的能量。2000 年後的兒童普遍藝術化，他們沒有 19×× 年生的人複雜矛盾，更重視心靈和諧與對大自然的關注。他們依賴心重，獨立較晚，同時會傾向於失去影響力和擔當。

2000 後對物質沒有太多的慾望，更在乎個人的喜好與感覺，這與未來 10 年的社會環境趨勢是吻合的。衝突與創造力的減少，也會造成這批人過於平和而缺乏開創精神，他們是享受自我、陰氣過盛的一代。由於 0 過多的緣故，這個時代的孩子相信命運、直覺，或許會出現大批精通神秘學的人。

天賦數──後天潛能的開發

我們都有過這樣的感受，有的人小時候性格非常內向、羞澀，或者膽子小，怕見生人，但隨著年齡增長，成年後逐漸性格外向起來，愛表現自己，勇猛，個性強悍。有的正相反，從愛出風頭到後來喜歡孤獨，又或者，有的人小時候並不喜歡唱歌，可是成年後卻成了職業歌手，完全與童年是不同的兩個人。這種反差經常被人誤解為「他變了」、「我變了」。其實，這不是變化，而與個人成長中調動出的天賦潛能有關。

生日密碼中的天賦數能幫你瞭解自己的後天能量。天賦數可比喻為人生旅途中的指南針，它既是潛伏在身體裡的待發能量，同時也是後天學習的方向，並協助你完成你的個人使命。

天賦數全部為十位數，這就需要對數字本質含意有一定的瞭解，懂得衡量兩個數字的能量。天賦數是成就個人使命的重要依據，其中也會出現位置不同的同一組數字，如31和13儘管都是1和3的組合，共同需要完成的目標就是命數4，但側重點有細微的不同：31的外在力量是3，而1是內在力量；13剛好相反，外在力量在數字1上，需要調動內在的3能量。

每組天賦數都預示著特定的發展方向，假如能熟悉它的意義並學會運用，將會對你實現生命目標有很大的啟發。

計算方式

如生日：1972 年 12 月 18 日

1+9+7+2+1+2+1+8=31

最後的十位數 31 就是天賦數，簡單說就是把出生年月日依次相加的總和，而繼續將天賦數相加到個位就是命數。當天賦數出現 29、38、47 這些數字時，無需再繼續相加到 11，卓越數 11 有單獨的解釋。

我們這樣劃分生日的位置：

1+9+7+2+1+2+1+8=31/4

（先天生日能量）（後天天賦潛能）（角色使命）

命數 1 的天賦數組合···

職業傾向：編劇、導演、發明家、總裁、公眾人物、企業家、設計者、運動員、教師、權威醫生、作家、藝術行業。

19／1：

這是最為獨立有創意能力的組合，必須善用內在智慧與服務精神才可以影響周圍的人。一個沒有覺知的 19，會感覺被孤立，情緒壓抑，頑固不化。所以 19 的課題就是要學會將魄力與內在的精神信仰結合在一起，可以靠自身心靈提升激發他人，而不要將意志強加於人。

28／1：

這是內心強大的人，儘管外在表現比較柔和，樂於配合他人，但

實際上相當強勢，有對名利的慾望，只是深藏不露。非常需要他人的協助，獨立做事反而感覺不安，有依賴心，最好能發揮內在的掌控力和商業能力，誠實待人而不是操縱和反權威。

37／1：

內省思考能力會逐漸在成長中顯露出來，對真理有探索的慾望，需要將內心的智慧表達出來，以激發或帶動他人。同樣具備領導力，但 37 的直覺力與樂觀要更高一層。你要克服信任障礙，過多依賴思考，反而無法信任自己。37/1 對藝術有濃厚的興趣，可將之做為表達通道。

46／1：

需用穩定的物質基礎來協助內心的夢想，也就是說 46/1 的人假如生活缺乏保障的話，會有很明顯的不安全感和諸多挑剔之心。完美主義是阻礙你成功的絆腳石，你要善用分析力和自醫力，從現實角度出發，不要逃避對物質的渴望。

命數 2 的天賦數組合 ·······································

職業傾向：藝術家、技術人員、心理學家、醫治者、協調員、外交官、仲介、律師、業務員、談判者、設計師、化妝造型師、色彩師。

20／2：

你要發揮好配合與協調的力量，內心越是達到和諧無爭，生活之路就越發順利。感受力是你的優勢也是你的敵人，你要避免頑固與委

曲求全的毛病。享受型的人非常在乎金錢帶來的安全感，你要肯定自己對美感的天分，可以很輕鬆找到人生目標。

命數 3 的天賦數組合 ·····························

職業傾向：激勵者、教練、作家、藝術家、營業員、媒體工作者、藝術經紀人、藝人、導遊、旅行家、兒童教師、主持人。

12 / 3：

不論外在看起來如何活躍樂觀，你內心都是敏感的、小心的，善於洞察，並且具備不錯的溝通能力。你需要調動出合作能力，而不是尖銳地抵抗和批評。這個組合是文藝型的人，做事以個人喜好為主，適合從事娛樂文化類職業，尤其與口才相關。

21 / 3：

與 12/3 相比，21/3 稍微內斂一些，有外柔內剛的特點，給人印象沒那麼活躍好動。能與人和諧相處，重視人際，對事業有企圖心，但要學習調動創造的能量，若你的注意力在人情人際上關注過多的話，會侷限你潛能裡的獨立性，導致缺少自我。

30 / 3：

表達力最旺盛的一個組合，需要合理的表達出口，否則就會表現出令人頭痛的話癆特徵。30/3 的人非常有靈氣，愛好雜亂，只要找到適合自己的某一種方式，就會展示出過人的聰明才智。如寫作、攝影、表演、音樂或者是任何其他「閒不住」的工作。表達也是需要舞

臺的，去找自己的舞臺，總要比靠喋喋不休來引人注目有價值。

命數 4 的天賦數組合······················

職業傾向：科學家、企業家、開發商、律師、管理員、職員、工人、會計、商業藝術家、幕後工作者、建築師。

40／4：

組織力、執行力、安全考量、求穩定這都是 40/4 的特點，加上頑強的毅力，你必能達到自己想要的目標。數字 4 的所有基礎能量都在生活穩定上，這一點千萬不可忽略。假如一個 40/4 的人是畫家，但生活窘迫到連買顏料的錢都沒有的話，很可能會打擊到自己的自信心。所以這個組合的人必須要先從實際出發，才能開發其他潛能。

22／4：

雙倍 2 的天賦數組合內外相當統一，只要發揮好合作與平衡的天分，善用出色的洞察力，就可達到自己想要的目標。22/4 有「乖孩子」的特點，因 2 有兩極分化的特點，如何把握配合與忍耐的尺度是你學習的重點，太軟會委曲求全，太硬又抵抗配合。找到平衡的途徑不是打壓天性中本能的胡思亂想，而是學會有勇氣明確自己的態度。包括選擇職業也同樣，混亂、不實際、制度曖昧的環境最不適合 22/4。

31／4：

表達和創造力的結合，重點在內心的創造能量上，而表達對於31/4 來說只是一個表現的工具。同樣，前提依舊是物質和家庭的穩

定做基礎，但與 40/4 相比，31/4 要靈活一些，接受新事物的能力比較強，多才多藝，能將才華發揮到多個領域，但持久性相對要差一些，做事缺乏長性。

13／4：

這個組合的勇氣在外，有很多點子想法需要信心帶動出來，非常需要他人的肯定和鼓勵。同時，不安全感也會阻礙你本身具備的適應力，讓你不免內心浮躁。其他參見 31/4。

命數 5 的天賦數組合

職業傾向：公眾人物、開發商、投機者、設計師、新聞工作者（媒體）、表演者、變革推動者、廣告創意人才、探險家、心靈導師、作家、自由職業。

32／5：

完全是憑興趣做事的組合，擅長用感知力去探索精神世界，喜好廣泛，重視自我表達，可透過文字、音樂、美術、攝影、設計等藝術領域展示才情。32/5 需要學會善用數字 2 的能量，用直覺與分析力跟著感覺走，學會獨立，就定會找到自己成功的途徑。要注意多變的問題，不要怕變，相較金錢滿足與人生經驗，32/5 需要後者。

23／5：

與 32/5 的區別在於，合作能力要好一些，同時也更加孩子氣，對自己有太多的不確定，最需要建立自信心與勇氣。其他參

32/5。

41／5：

有出色的創造力，有一定務實能力，但在穩定與自由之間需要平衡。執行力和號召力相互協助可以讓你做成任何事，但注意不要讓不安全感和自由之心相互扯後腿。興趣分散，多才多藝，假如能抓住一件事持續努力的話，會更容易做出成就。

14／5：

因 4 的能量充斥內在，更需要職業的穩定來協助創造力與變動，不然就會形成外強中乾，而無法讓自己身心自由。其他參照 41/5。

命數 6 的天賦數組合 ·······································

職業傾向：教育者、飲食服務、護士、醫生、健康顧問、輔導員、教練、心理醫生、服務行業、作家、化妝師、經紀人、藝術工作者。

15／6：

有理想有智慧，更具備創新的能力，是理想主義的代表組合。擅長與人溝通，有內在的力量，天賦能量來自心的溝通，具備治療他人的能力。但最需要學會接納自身或他人的「對」與「錯」，不然傲慢與偏見就會誤導別人。

24／6：

2、4、6 三個數字同樣都有愛分析的特徵，這個組合會有胡思亂

想的問題，在抉擇方面容易猶豫不決。但同時 2、4、6 又特別適合服務人群，所以最好能將你的分析力和想像力發揮在職業上，如諮詢、策劃、幕僚，以及小說家等行業。

42／6：

與 24/6 的差別在於，42/6 要學會善用數字 2 的力量，學會合作，內觀自己的需要，不能讓自己的生活壓力重重。這個組合會有容易選擇錯誤的問題，主要是因為想得過多，卻往往限制了「我真正想要的」。其他參照 24/6。

33／6：

最嚴重的完美主義者，無論外貌還是其他方面都要求達到最好。雙重的數字 3 需要找到表達的出口，更在乎被人讚賞。這也是最有靈氣的一個組合，做事效率高，務實能力強，非常適合從事有創意和能滿足表演慾的職業，如作家、演員、教師、銷售、業務員、主持人等，能站在特定的「舞臺」，凡是與人直接接觸的行業都比較擅長。

命數 7 的天賦數組合

職業傾向：顧問、教授、分析師、自由職業、偵探、觀察員、記者、專業研究者、科學家、神秘學家、間諜、藝術家、作家。

16／7：

具備較高的直覺力和智慧，往往憑感覺就可以判斷任何事。一切出發點都來自情感，即使表面看起來冷靜，內心依舊是火熱的，創造

的能源來自愛。16/7 的天賦潛能多與精神領域有關，如果能信任他人，走出自己的世界，可以勝任任何與腦力相關的職業。

25／7：

無論外在表現如何隨和善交際，25/7 的人都是孤僻的，個性比較隱藏，很怕人看到自己的內心。但其實這是具有孩子般純真的人，怕被束縛，勇於堅持自己的真理，求知慾旺盛。25/7 多才多藝，只要認真想去做某件事，都可以調動出潛能，可選擇職業範圍廣，但基本上都與文化藝術類工作有關。另外，研究工作、帶有調查性質的職業也非常適合你，比如情報員、員警。

43／7：

對宇宙萬物及神秘力量相當有興趣，會被此類事物吸引，受到靈性的啟發。3 和 7 都屬於智力型數字，興趣點側重於好奇與研究，會有不切實際的傾向，而數字 4 剛好又看重家庭、物質與職業的穩定，這個組合會帶來一些矛盾和衝突。你必須避免浮躁、清高的心態，認清自己的需要，靠真才實學獲得一份穩定的收入，才能真正進入精神領域。

34／7：

與 43/7 一樣，腳踏實地地生活是你達成目標的根本。34/7 相對更重視穩定，既樂意接受新觀念新事物，又害怕改變造成的不安全感。所以，做為命數 7，一旦天賦數中出現數字 4，個性中必定會有保守務實的成分。其他參照 43/7。

命數 8 的天賦數組合·······························

職業傾向：企業家、出版商、承包商、工程師、財務分析師、法官、政治家、藝術家、任何領域。

17 / 8：

非常有力量的組合，獨立、覺知、領導力、出色的頭腦，以及對權力和金錢的企圖心都很強大和旺盛。17/8 的人有做大事的潛能，具備難得的事業能量和天賜的好運。無論從事哪個行業，只要有興趣，有熱情，並且有信心，就會如願以償。但要注意克服傲慢自負的問題，尤其是 7 的偏執和疑心病會成為你成功的阻礙。

26 / 8：

數字 6 的道德感非常強，而命數 8 剛好又看重名利，這會讓 26/8 的人會有些矛盾，在「愛錢」與「不能愛錢」之間搖擺不定，甚至會有奇特的仇富心理。要明確的是，愛錢沒什麼錯，這是 26/8 的人承擔家庭責任的必備基礎。這個組合尤其要留意的是，不能急於成事，因為會有大器晚成的可能。

35 / 8：

這是野心勃勃的組合，喜歡引人注目，不甘心平凡。因為興趣廣泛，往往抓不住重點，什麼都想做，可是執行起來又會有惰性，缺乏耐心。3 和 5 同樣都存在任性散漫、不實際的特點，所以你最好不要選擇去做勤奮的人，善於利用聰明的頭腦做事是你成功的最佳途徑，而且你還可以白手起家，最適合透過獨立作業獲得成功。

44／8：

　　這組數字非常明確自己的需要，最具備生意頭腦。在占數當中 4 與 8 都是最務實的數字，假如將金錢、權力、成功這三者排個名次，44/8 排在首位的是金錢，確切地說，是存款與房子，因為這會帶來最基本的安全感。但你要避免過度分析和算計，尤其注意，想獲得財富，家庭的關係必須和諧，這是 44/8 正面的動力所在。

命數 9 的天賦數組合

　　職業傾向：健康／機構工作人員、藝術家、工匠、精神領袖、社區領導者、宗教人士、外科醫生、律師、外交官。

18／9：

　　數字當中 1 和 8 代表著兩種不同的權力傾向，1 代表號召力和引領的作用，而 8 代表掌控力和管理，這兩個數字結合出來的命數 9，相較其他組合，要更具備領袖風采，是強勢的領導型人物。18/9 有特別之處，就是可做大好人，也可以成為惡人。這完全取決於你將強大的能量運用到何處，因為你的人生目標是用自己的力量幫助他人，造福他人，但你內心又充滿權力慾望，不自覺地就用控制他人來獲取名利，或者利用職位投機取巧。這組數字最需要做的功課是正面的心靈提升，這樣你就可以用自身的領導力去激勵他人，找到自己的價值。

27／9：

　　這是命數 9 中最具備靈修能力的人，與宗教信仰以及各種修行方

式有很大緣分，數字 2 的感受力和數字 7 的內省能力會造就 27/9 的人擁有高等智慧。他們可以是宗教領袖，也可以是心靈導師，還可以是見多識廣的導遊、服務業的主將，也可以是感性與理性結合的藝術家。但你要注意克服的弱點是太過清高，對世俗有強烈的不滿，或者太喜歡講大道理，動不動就來到哲學與信仰的範疇。

36 / 9：

3、6、9 這三個數字有一個共同點，它們都有理性化的特徵，而同時這三個數字又同樣具備「靈性」。這個組合的人對自己和他人的要求很高，必須先解決自卑感的問題，瞭解自己內心的需要（這需要和 6 有關），而不是糾纏在追求完美上，此外太過保守也會給你天賦中潛伏的智慧因子帶來阻礙。假如你能把注意力放在自己的身上，就會做到對一切的包容和理解，這樣或許你可以成為很有深度的心理醫生，或出色的教師。

45 / 9：

當兩個相鄰的數字組合在一起的時候，是有一定的矛盾性的。數字 4 做事方式是有規律有計畫的求穩定怕變化，而數字 5 剛好相反，不屑規則，樂意打破穩定求變化，這種對立特徵會讓 45/9 的人言行不一。你需要明白一個道理，穩定不是侷限，自由也不是放任，45/9 的人首先要具備務實的心態，在此基礎上去體驗冒險，會減少缺乏安全感的問題。

卓越數 11 的天賦數組合······································
29／11、38／11、47／11

　　卓越命數 11 之下有三種組合，同樣都具備數字 11「靈魂在高處」的特徵。29/11 外在表現是樂意配合他人，並具備服務他人的意識，但其實內心相當有傲氣，而且自卑感過強（這與童年時家人「打擊式」的教育方式有關）。29/11 的潛能展現在服務精神上，能激勵周圍的人，並具備創造力。假如你能腳踏實地，克服數字 9 幻想多過行動的弱點，要達到自己想要的目標並不難。所以，請把腳放到地面上行走，不需要急著證明什麼。

　　38/11 成功的慾望要更加迫切，這是比較強勢性格的人，領導能力突出，有過人的頭腦和創新能力，但操控慾過強，愛居高臨下。如何將數字 8 的權力慾轉化成有說服力的權威感，這是 38/11 需要學習的課題。

　　47/11 中的 4 和 7 組合在一起具備超強的理性分析能力，這是最有潛能的一類人，無論做什麼職業都有能力形成自己的風格。同樣 4 和 7 帶來的負面問題就是太過重視邏輯思考，而無法信任自己的心，紙上談兵遠遠不及打一次敗仗能獲得更多的經驗。47/11 假如能善用 7 的直覺和 4 的執行力，會給自己的人生帶來更多的順利。

CHAPTER 4
生日九宮圖：個人命盤

＊　＊　＊　＊　＊

瞭解了生日中的各種密碼之後，一定有人會有疑問，我和另一個人有完全相同的命數甚至相同的生日，為什麼個性會有很大不同呢？

首先我們要明白，任何一種解析人格的方式都不會是「絕對性」的，很難達到百分百的準確率，也包括其他諸如占星等方式。每個生命都具備特有的運行軌跡，在你的生命密碼裡潛伏著各種可能性，但都有特定的範圍。就如一個人總期待自己成為眾人崇拜的某位明星，可是這很難，除非你和他有相同的天分和生活背景，而且即使是這樣，兩人也未必有一模一樣的人生。

前面幾章我們瞭解到先天數（年月日）代表了原味本性，而天賦數代表了後天逐漸釋放出的應有能量，透過天賦數的努力，一個人最終達成人生使命的實現（命數）。這是一條很鮮明的「道路」，繼續細分的話，就需要在你的這條「道路」上畫出各種路線，從路線中瞭解自身各方面的表現力，這是對個人人生更深層的一個探索。比如有的人很勤快，有的人很懶惰，有的人總與人相處不好，有的人卻經常遇到貴人相助，是什麼造成這樣的差異呢？這就要靠數字九宮圖來繼續尋找背後的原因了。

九宮圖就如同占星的命盤，先天數、後天數、命數甚至包括星座數都包含其中，在圖中可以明確看到一個人的優勢所在和欠缺的部分，以及需要重點學習之處。

九宮圖也是數字密碼中最為實用和有趣的方式，可以一目了然地看到一個人全方位的行為來源。

九宮圖裡的數字能量

從九宮圖看先天數能量

先天數即出生年月日，是我們個人的天性部分，每一個數字都會形成個人能量。假如生日中同時出現兩個或三個同樣的數字，這表示這個數字給你帶來的影響非常大，同時也可能會因能量超負荷而造成負面效應。相反，假如你在 1 ～ 9 這些數字當中欠缺某個數，這就說明你在先天因素方面缺少此數的力量，這個數字也叫空缺數字。

第一步：先把你的生日寫下來，如小明的生日是 1985 年 12 月 13 日。

第二步：在紙上按以下九宮圖表的順序寫下數字 1 ～ 9。

1	4	7
2	5	8
3	6	9

第三步：每念到生日中出現的數字，就在圖中的對應數字上畫一個圈。

生日數如出現十位數，必須加到個位，如 13 日生日數為 4（1+3=4），這個 4 要單獨畫上。因此，在小明的九宮圖表中，整個

需要畫的數字是 1、9、8、5、1、2、1、3、4。

　　生日數如果是 2、6、8 這樣的單數就不用再重複，直接就可以把年月日畫出來，如 1973 年 4 月 5 日，畫在圖上的就是 1、9、7、3、4、5 這幾個數。

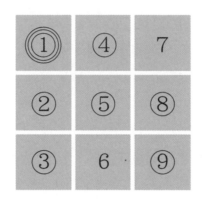

　　從以上「圈圈」的數量可以看出，小明的先天數圖中出現了 3 個 1，只有一個圈的數字是 2、3、4、5、8、9，沒有圈的數字是 6、7。

　　我們先要學會畫先天數，這是瞭解自己基本能量的開始。先天數的圈圈僅代表「天生」這個因素，不摻雜後天任何影響。如小明的生日圖中數字 1 最為突出，這會使小明在行為與性格方面有非常明顯的數字 1 的基本特徵，如樂於創造、有號召力、自尊心過強、有老大意識等，而 6 和 7 的特點在小明身上就無從展現。

從九宮圖看綜合能量

　　畫出先天數圈圈後，需要再加上天賦數和命數、星座數，也就是把所有屬於你的密碼全部畫到圖上，才可以據此對一個人的命運做一個整體的推敲。

第一步：畫出先天數。（見上節）

第二步：計算出天賦數，最簡單的方式就是將小明的出生年月日數字直接連串相加得到十位數。

1+9+8+5+1+2+1+3=30

以上的數字 30 就是小明的天賦數，這是後天成長中逐漸被啟發出來的個人能量，是成就個人使命（命數）的能量所在。

第三步：計算出命數。

命數就是天賦數相加所得的個位數：3+0=3，命數的通常書寫方式是和天賦數連在一起來表示：30/3。

第四步：找到小明的星座數。

星座特徵也是我們自身具備的能量，在九宮圖中星座數要算在其中，每個星座都有對應數字代碼：

數字 1：牡羊座和魔羯座

數字 2：金牛座

數字 3：雙子座和雙魚座

數字 4：巨蟹座

數字 5：獅子座

數字 6：處女座

數字 7：天秤座

數字 8：天蠍座

數字 9：射手座

如小明的生日是 12 月 13 日，是射手座，數字 9 就是他的星座數。

第五步：將先天數、天賦數、命數、星座數全部加到九宮圖上。

小明的先天數：1985、12、13、4

小明的天賦數：30

小明的命數：3

小明的星座數：9

在九宮圖上依次去圈畫這些數字：

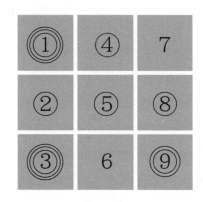

從整體圖中不難看出，小明的圈圈發生了變化，除了3個1之外，出現了3個3、2個9，其他不變。由此看出，小明的人生能量都集中在1、3和9上，他應該發揮自身1、3、9的強項，如創造力、創意表達力、服務精神以及想像力，而他所欠缺的6和7也正是自己人生當中需要面對和接納的「不擅長」。

特殊生日計算

在畫九宮圖時，當遇到卓越數時要單獨計算，舉個例子：

小張生日是1983年6月29日，生日數是2+9=11，卓越數11是他具備的性格特徵，而同時11也是2。因此，在先天數中，畫在生日圖上的數字除了1、9、8、3、6、2、9之外，還需要加上11和2。

小張的天賦數和命數是38/11/2（1+9+8+3+6+2+9=38=3+8=11=
1+1=2），這是個非常特別的生日，等於生日數是卓越數11，命
數同樣是卓越數11，所以在他的九宮圖上，11和2同樣都要加
2次。

小張是巨蟹座，星座數是4。出現在他的九宮圖上的數字非常多，
需要把以下這些數字全部畫到圖上——

1983/6/29/11/2/38/11/2/4

畫出來就容易統計了，小張一共有5個1、3個2、2個3、2個8、
2個9、1個4、1個6，欠缺5、7。

☆ **小提示**

　　數字0是直覺力與機緣的象徵，不算在九宮圖當中，但也可以畫
在生日圖的邊上做為一個統計。注意，每遇到單月單日的數字，如1
月1日這樣的生日，都要用01月01日來表示，例如，11月07日，
08月15日。

圈圈能量的大小

　　某數字上只有一個圈，說明只具備此數字的基本能量；如果是兩個圈，該數字的特徵就會表現得較強一些，也可以叫「剛剛好」；當達到三個圈以上時，此數的力量非常強大，數字特徵突出，幾乎與命數帶來的影響不相上下，但同時其負面特徵也隨之更為明顯。當某個數字圈圈大過 5 的時候，此數會帶來嚴重的負面表現，甚至有與數字特徵背道而馳的現象，也就是物極必反。

數字 1 ···

　　1 代表獨立意識，是能量的開始，也是具備最基本「自我」的一個數字。

　　20 世紀出生的人都有 1 的能量，而 2000 年後出生的人未必會出現數字 1，所以從普遍意義上看，2000 年後的人的開創精神與獨立性比較薄弱，重點在 2 的能量上。

　　當生日圖中數字 1 的圈圈出現大過兩個的時候，具備很強的領導力和號召力，精力旺盛，勇敢，有自我主張，不輕易妥協，勇於開創引領，具備陽性的力量，同時也會流露出自負、不妥協、太過獨立等特徵。

　　數字 1 上圈圈達到 5 個以上時，這樣的人氣勢超強，極其有影響力和領導能力，但也有能量失衡的問題存在，表現為自私專制，內心自卑，太以個人為中心，也比較軟弱。

數字 2 ···

　　2 代表具備兩面性，有分析的能力，並且敏感，好衡量，同時也

是一個愛美之數。

2上有兩個以上圈圈時，很懂得如何配合別人，善於察言觀色，最明顯的特徵是會打扮、懂生活，負面的問題就是愛抱怨。

當2上的圈圈達到5個以上的時候，會過度在意外表，享受心重，奢侈，對藝術的感覺很細膩，當然負面問題也非常大，缺乏立場，不果斷，頑固。

數字 3 ··

3代表溝通表達的能力佳，愛好廣泛，靈巧，善辯，機智，也具備天真的性格。

3上有兩個以上圈圈時，是相當聰明的人，活躍，愛說話，喜好雜亂無章，有機靈鬼的特點。

一旦有5個以上圈圈，數字3愛表現的特點就會比較「過分」，嘴碎，幼稚膚淺不自知，大愚若智，愛搬弄是非。

數字 4 ··

4代表穩固的力量，有務實能力，深知只有行動才是獲得生活安定的方法，面對機會比較主動。

4上有兩個以上圈圈時，組織力很強，對實際的追求比較堅定，並追求完美，低調行事，保守。

4上有5個以上圈圈時，會比較吝嗇，對錢看得太重，不知變通，陷於物質追求當中無法自拔。

數字 5

5代表心智的能力，尋求身心自由、變化多端的生活，不想墨守成規，更樂意顛覆規則，並有自己的主見和方向感。

5上有兩個以上圈圈，自主心比較強，堅持自我，但頑固，散漫，愛逃避壓力。

5上有5個以上圈圈時，雖有自己的主見，可是反而表現得缺乏勇氣，不敢面對問題，也無法解決問題，故步自封，偏執。

數字 6

6代表奉獻精神與愛的需求，能為他人考慮，體貼親和，重視親情。

6上有兩個以上圈圈，喜歡承擔責任與義務，看重親密感，但內外反差很大，表面奉獻，實則極挑剔，強迫別人接受愛。

6上圈圈多過5個的話，負面表現非常明顯，其付出因急於索取回報而顯得目的性過強，自私自利，把道德強加於人，有偽善之嫌。

數字 7

7代表邏輯思維能力，好探索事物的背後動機，分析力強，同時也代表幸運。

7上有兩個以上圈圈，頭腦出色，好研究，看問題深刻，冷靜，自負，愛窺視一切，主觀頑固，疑心重。

7上有5個以上圈圈時，表現為愛控制他人，專制，是非，超級自戀（甚至自戀到自我認知出現問題），狂妄，懶惰，缺乏智慧。

數字 8 ···

8 代表成功慾與權力慾，具備無限潛能，有事業心與實幹精神，8 也是重視財富的數字。

8 上有兩個以上圈圈，具備商業能力，有野心，希望掌控周圍，對成功有很大的渴望。

8 上圈圈達到 5 個以上，會表現出急於達到目標的焦急心態，行為上有不擇手段的舉動，好賭、拜金、世俗且視平凡為人生的失敗。

數字 9 ···

9 代表人性與神性的交界點，有服務他人的意識，博愛，對世界大同有期待。

20 世紀出生的人都有一個 9，所以這個世紀的人對社會關注比較多，也普遍以服務他人為自身價值。2000 年後生的人生日中出現 9 的機率就很少了。

9 上有兩個以上圈圈，以他人需要為動力，助人為樂，心存關懷，但夢想太多，不實際。

圈圈多過 5 個以上，妄想過多，做事完全憑自我想像，注重心靈卻難有悟性，面對現實有障礙，逃避現實，迷信。

大能量九宮圖統計法

假如你想知道是什麼樣的力量在與你共存，可以用九宮圖圈圈個人大能量。除了你的生日密碼資訊之外，主要還包括來自生活裡數字的影響，如身分證字號、電話號碼、門牌號、手機電話號、銀行卡號、車牌號等，你身邊出現的所有與數字相關的號碼都可以圈進去。

首先要畫出九宮圖，然後將以下的數字資訊逐一畫圈：

先天生日數（年月日）

天賦數

命數

星座數

身分證號

住宅門牌號和公司的門牌號（與數字有關的都可以畫，如第 5 巷 1 弄 3 號）

你的各種銀行卡、信用卡號碼（不常用的卡、作廢的就不要畫了）

電話和手機號碼

車牌號碼（沒有也可以不畫）

全部畫好後來看這些數字，找出圈圈最多的數字和圈圈最少的數字，就可以看到影響你的數字中哪個最突出了，而圈圈最少的那個數字就預示你非常欠缺這部分能量。這是個統計機率，出現最多的數字是影響你最大的無形力量，而出現最少的數字是你生命能量的薄弱環節。

空缺數——你的人生需要缺憾

　　如果你的生日圖裡某個數字上沒有圈圈，說明你不具備此數的能量，是天性上的欠缺，也相當於「缺陷」。空缺數是你不擅長的那部分，這就需要你格外留意欠缺能量帶來的障礙。

　　我在統計觀察數字的過程中發現了這樣的問題，當提到九宮圖中空缺數的時候，不少人都把注意力放在「我的缺點」上：我是沒有6的人，怎麼辦？我沒有5是不是很糟糕？我沒有8會不會影響事業發展？諸如此類的問題非常多。他們最普遍的態度就是不願意接納這個事實。

　　有一次一個孩子的母親問我，她的孩子生日裡欠缺哪個數。我說孩子沒有5，會缺乏方向感，這需要父母多鼓勵他，從小多加指引。孩子媽媽聽了很焦慮，我明顯感覺到她對孩子開始不滿起來，甚至表示出「嫌棄」的意思。這讓我很內疚，後悔不該說實話。

　　很多人都有所謂的完美主義，希望自己或孩子是完人，各方面都有長處，見不得欠缺，這分明就是貪婪。

　　我見過不少生日圖上沒有空缺數的例子，也就是1～9每個數字都具備，這叫大滿貫。這樣的人，每條連線都是流通的，看起來幾乎所有的優勢都佔全了，可是往往這樣的人反而生活道路比較坎坷。「大滿貫」也是最容易迷路的一類人，心思複雜，喜好過多，路路通，可是不知道該走哪一條，會因能量分散而蹉跎了歲月。

　　有個唱歌的「大滿貫」男生，十八般武藝無所不通，也確實相當

全面，唱歌、作曲、演戲、選秀什麼都要參與，可是他一直沒有紅，這與發展的重點不夠明確有關。由此可見，太全面的人非但無法發展其優勢，反而比其他人走的彎路更多，更需要一個漫長的成長過程來找到出路。

千萬不要糾結空缺數字，那只是老天給你設置的一個補習功課。你必須接納自己的不擅長，而不是為此自卑糾結，更不要學會了數字而拿自己的長處去比別人的短處，也不要苛求自己面面俱到。那些空缺數字正是你成長的關鍵，缺憾也是進步的動力來源。

空缺 1

生日基數裡缺少 1 的人目前只出現在 2000 年後出生的孩子中。沒有 1 的人缺乏獨立意識，開創能力弱，更願意跟隨別人，依賴心很重。這一點在目前的成年人中不存在，但在 2000 年後出生的兒童裡卻很普遍。

空缺 2

數字 2 有和諧平衡的意義，善於合作，感覺敏銳。

更為獨立自主，依賴心不強，做事完全靠自己，即使家境很好也不會給父母添麻煩。

因數字 2 在審美能力上有一定的天分，沒有 2 的人會在這方面有所欠缺，表現為在打扮穿衣方面搭配不當，尤其對色彩不太敏感，同時也缺乏想像力和敏感度。

與人合作有些困難，一切要親力親為，冷熱無常，溝通上少了柔

韌度，有不流通之感。尤其感情關係上，缺乏 2 能量會造成不知如何與對方溝通，主觀，選擇配偶時會有偏差，容易與對方價值觀出現很大差異。

很在乎別人「是否看得起我」，有死要面子活受罪的感覺，一旦調動了面子那部分，那可是對朋友比對自己還好。

沒有 2 的人更為獨立自主，依賴心不強，做事完全靠自己，即使家境很好，也不會給父母添麻煩。

空缺 3

數字 3 是表達的通道，從語言表達到才華的表達。

每個人都需要一個通道來展示自己的才華。當一個人生日裡缺乏數字 3，展示自己的通道受到侷限，即使心靈手巧有才華，也不知用什麼形式表達出來。如果畫家沒 3，很可能是個匠人，缺乏原創能力和創意靈氣，表達受阻。

一個無 3 的人表達上木訥耿直，或許很愛說，但經常會因為詞不達意而說錯話，造成誤解。不過，沒有 3 的人為人真實爽直，愛說真話，做事能集中精力。

空缺 4

4 這個數字代表了執行力與務實的態度，對生存的基本安全需求很強烈。

沒有 4 的人，性情孤傲，表面看對金錢沒有太多的慾望，有錢就花，沒錢也不覺得恐慌，相信車到山前必有路，但內心又對生活要求

極高，他們並非排斥金錢，只是放不下身段罷了。面對機會採取不主動的態度，比較退縮，變化無常，而且有些孤僻，缺少與社會接軌的勇氣，生活無序。

這類人的優點是不斤斤計較，不貪小便宜，不會把金錢看得過重。沒有4的人必須找到動力才能變得務實，而這動力來自家庭之愛。

空缺 5

5是心智，在九宮圖上5處於中心位置，欠缺5會斷掉4條主線。

沒有5比欠缺其他數字要嚴重得多，因為5是心智，在九宮圖上5處於中心位置，欠缺5會斷掉4條主線。

缺少5這個數字，沒有自己的主見，常因外界的影響而有所波動。不知道自己要什麼，尤其當面對選擇的時候，別人的態度會動搖到其內心的真實需求。這與心能缺乏定力有關，無法主宰自己，有時還會出現匪夷所思的舉動。

沒有5的人最需要精神支柱，吸收力強，消化力弱。從優點來看，缺少數字5的人，能像海綿一樣吸收各種能量，進步的空間也很大，是近朱則赤近墨則黑的典型。

空缺 6

6在數字中的意義是同理心，愛也是一種能力。

欠缺6的人坦白直率，有話直說，不敏感於別人的態度，但會表現出自私的特點，一旦不高興就會直接流露出來，尤其在語言上較主

觀，愛強加於人，如此一來難免會造成誤會和衝突，讓他人感覺不舒服，得罪人不自知。

沒有 6 的人並非沒有愛，只是不知道如何去表達愛，經常凡事只站在自己的角度，無法換位思考，尤其在感情關係上更是如此。6 的欠缺會造成在愛的需求上有遲鈍的特點，桃花運也較少。

沒有 6 的人很真實，與人相處不虛偽，不刻意去做好人，不去討好別人，是非常單純的人。

空缺 7

7 是幸運數，這數字神奇到可以化險為夷，同時 7 也是深度思考力的代表數字。

沒有 7 的人剛好相反，不要指望運氣這兩個字，完全要憑自己的努力和實幹。沒 7 的人的分析推理能力有侷限，也就是思考不到重點上，很怕麻煩，思維簡單，不願意想過於深層的道理，也容易激動發怒，尤其是針對不值得生氣的事。

沒有 7 的人單純好接近，並不複雜，正因為思考力不發達，不喜歡懷疑，反而行動力比較強，所以給人感覺親和、好相處。

空缺 8

數字 8 代表著對成就與價值的渴望，以及掌控周圍的能力。

8 是個權力慾和成就感非常強烈的數字，假如欠缺的話，會對權威不屑，假如做上司的話，會缺少威懾力，無法掌控局面。

沒有 8 的人在感情方面太過放手，配偶難免會有外遇，就如風箏

和線的道理，抓得太緊風箏會斷線，抓得太鬆，風箏會隨風飛出手心，沒有 8 的人就是常常手太鬆。

沒有 8 的人最突出優點就是隨遇而安，不會被慾望和成就感壓迫，尤其是對事業、金錢方面缺少野心。但這並非意味著沒有 8 的人事業就不能成功，無心插柳的事反而更多，而且為人也不俗。

空缺 9

20 世紀出生的人都是具備 9 能量的，唯有 2000 年後的兒童有無 9 的可能。

沒有 9 會表現為對社會有意義的事物冷漠，缺乏大愛之心和同情心，也對他人的需要無動於衷，並且想像力受到侷限，在精神意識上處於自私狀態。

但同時沒有 9 也就減少了拯救的慾望，注意力會更多地放在自己身上。

九宮圖連線的秘密

身、心、靈連線效應

近些年，身、心、靈這三個字經常出現在我們的視野裡，全世界各個國家都有大批的年輕人參與身、心、靈整合活動當中，為的是提升個人修為、靈性的進化，以此達到身心的健康。

身、心、靈，指的是身體、心理、心靈三個生命組成部分，是生命的整體，缺一不可。在生日九宮圖上，可以非常明確地將數字劃分為身、心、靈三部分：

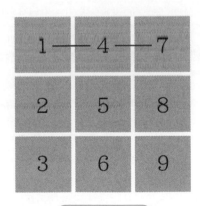

身：147

站在數字的角度看，1、4、7 同為腦力活動比較豐富的數字。數字 1 擅長計畫策劃，發明創造，頭腦出色；數字 4 擅長分析建構，心思縝密，精打細算；數字 7 擅長挖掘事物的真相，研究探索是強項。這三個數字同有靠頭腦取勝的特點。

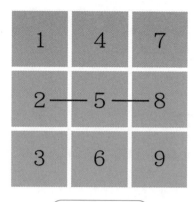

心：258

　　2、5、8同為心能量大的數字，也就是感覺感受力較強，靠情緒、感覺、視覺、聽覺來獲取資訊。數字2的分析能力強，但不是靠邏輯，而是靠心的感應；數字5掌管心智，靠自身心的方向來決定行為，在九宮圖上，5是中心點，也代表「心臟」；數字8的強項在掌控力上，這也是來自心的力量，很多8比較強的人即使不說話也可以控制住局面。

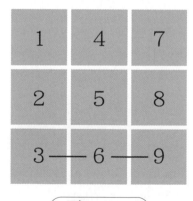

靈：369

　　3、6、9在靈感想像力這方面要強於其他的數字。數字3是聰明機靈的代表，但這個聰明不是靠頭腦，而是來自靈氣，創意能力強的人其創意往往不是從書本學來的，而是來自靈機一動的點子；數字6同樣也帶有奇特的靈氣，展現在治療方面是最明顯的，感覺很強的6有判斷未知的靈感；數字9無疑是最有想像力的一個數字，它與靈魂離得最近，所以9的精神意識都來自於「靈」。

九宮圖連線詳解

　　瞭解了9個數字的組合分工後，我們再來看九宮圖，排列的次序也是按身、心、靈三部分。當你畫出自己的生日圖後，會看到數字之間的連接，只要有三個數字在一條線上，就是一個組合主線。一共是8條主線：123、456、789、147、258、369、159、357。另有四條副線是兩個數字的組合：24、26、48、68。

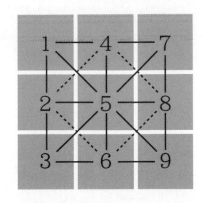

　　從這8條主線和4條副線可以分析出一個人多方位的能量流通情況以及問題所在，如人際關係狀況、審美意識傾向、自我主宰能力等。連線的特點與性格無關，主要是用來分析一個人的行為方式以及與外

界的互動。

　　完整的連線說明在某一方面具備優勢，如有不連線，就說明在某一方面有障礙和欠缺，是需要關注和努力的部分。

　　製作一個生日圖後，不妨看看自己有多少條連線，長處在哪裡，短處在哪裡，如何與他人協調關係，這是幫助我們認識自我的好工具。

　　明確一點，每一組連線都同時代表正負兩種傾向，這是不變的法則。

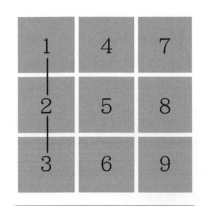

123連線：體能主線

正面意義：藝術線

當 1、2、3 有連線時，可以判斷是比較偏「文藝」的人，對藝術資訊相當敏感、敏銳，對美的事物有極強的感知力。這類人可算是「感官動物」，憑感覺做事，充滿感受生命的樂趣。但這並不是說有 123 的人就要去從事藝術，這裡也分為兩種藝術能力，一種是欣賞型，一種是職業型。

大多從事藝術工作的人都具備 123，而其中不具備 123 連線的也不少，這就要查看 123 中某個數字是否能量過大。比如麥可‧傑克森的生日圖中沒有 3，但他的 2 非常多，他的超強音樂、舞蹈的感覺超過了其他能力，而他的創作力不夠，因此不屬於創作型的音樂家。

在衡量 123 的時候，僅僅把它當作一種藝術欣賞力即可，不要盲目認為有 123 的人都是走藝術路線的，必須結合其他數字來衡量。如若缺乏 369 靈的部分，即使一個人有藝術天分也難有建樹，靈感受阻，很難表達準確。

負面意義：任性線

123 是情緒化的組合，1 的自我、2 的敏感、3 的孩子氣會造成負面的化學反應，就是任性。有 123 連線的人，容易激動，神經質，萬事不求人，有種過於理想化的特徵，而且看不慣的事比較多，容易自找挫折。這也就是為什麼文藝型的人都有些古怪的原因。

和有 123 連線的人相處，要是能理解「任性」這部分天性因素，就不要苛求他們必須達到成熟穩重。

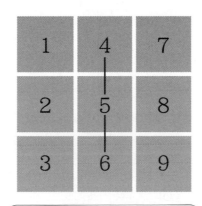

456連線：知能主線

正面意義：組織線

有 456 連線的人做事明朗，條理分明，該乾脆的時候乾脆，該謹慎的時候謹慎，拿捏得當，在組織能力上很有一套。尤其是在處世為人上，給人印象踏實可靠，有擔當和勇氣。

數字 4 具有實幹的執行力和井然有序的做事方式，數字 5 善於掌握動力和方向感，數字 6 熱心服務，樂於與人群互動，並有同理心。這三個數字的優勢綜合在一起，會讓有 456 連線的人善於解決問題。

負面意義：完美主義線

完美主義不是優點，是苛求的委婉說法，也代表很難達到自己和別人的要求。456 連線的人一旦完美主義起來，就會表現為挑剔，過於嚴謹，太過糾纏細節而忽略大局。加上做事太重視規則和秩序，反而會有責任心過重、缺少樂趣的狀況。

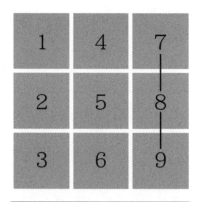

789連線：心靈主線

正面意義：權力線

有 789 連線的人具備一定的靈性，包括數字 7 的出色頭腦、數字 8 的掌控力以及數字 9 的服務大眾的意識，所以，擁有 789 連線的人有成就事業的基本能量，靠的不是苦幹而是施展個人魅力。比如同樣兩個推銷員去推銷一件東西，有 789 的人能毫不費力就獲得客戶的認可，這也是一種人格魅力。

權力線也並不是代表有 789 連線的人都要去做領導者，這個「權力」是指掌控周圍的一種力量，甚至可以帶動他人。

負面意義：貴人線

照說有貴人相助應該算是優勢才對，為什麼要劃分到負面意義裡呢？

有 789 連線的人經常能遇到貴人，這些貴人來自親朋好友，甚至連素不相識的路人甲也會為其提供偶然的機會。有 789 連線的人大概都有這樣的感覺：山窮水盡時，總會在關鍵時刻出現雪中送炭的幫助。只是，這樣的好事遇多了，就會造成一種惰性，懶散到不慌不忙，乾等有人來相助。所以這條線也有個大問題，就是有乾等天上掉餡餅的投機心理。

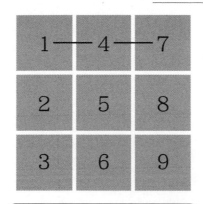

147連線：物質主線

正面意義：務實線

有 147 連線的人天生懂得生存為根本，很難眼高手低做白日夢，即使愛作夢也是在填飽肚子的情況下，不然自己也不踏實。這是看重實際的人，不論有什麼樣的理想都不會忘記物質是一切的基礎，所以懂得如何賺錢。一個有 147 的女子說：「我很小就經濟獨立了，只有自己有錢才能不受父母的約束，連生存都弄不好，怎麼談自我呢？」

147 的務實能力來自很清楚賺錢為了什麼，因此也很容易賺到錢，這條線完整的話，可以說也具備了獲得財富的基本能力。

負面意義：貪財線

這是很難避免的問題，147 連線的人一旦對物質追求過頭就會成為守財奴，畢竟錢是賺不夠的。銀行存款的數目越多，目標也就越高，這樣一來總會覺得錢還不夠多，安全感也就隨之降低。尤其是 147 中的數字 4 圈圈過多的人，要注意愛錢如命的問題，把錢看得過重就會成為一種負累，而且在金錢上也難免小氣。

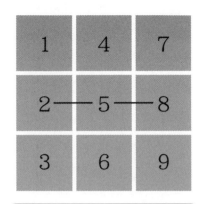

258連線：情緒主線

正面意義：感情線

有 258 連線的人很懂得情感表達，不僅僅展現在男女感情方面，也包括文字和音樂等藝術表達方式。情感流露比較真實，外在與人溝通的能力很強。

我有過這樣的生日統計：在作家當中，有 258 連線的人很容易引人注目，哪怕只寫了一本書也能被關注，而缺少 258 連線的作家則默默無聞的很多，即使寫過十幾本也未必被人記得。這是為什麼呢？

2 是感受力強的數字，在感覺上很敏銳，數字 5 具備敘述有趣味的特點，加上數字 8 的目的性和掌控力，能抓住人心，自成一派。這三點結合在一起，展現出 258 的心能磁場力量。

258 也代表健全的情感能力，在戀愛與婚姻上懂得要什麼，不論選擇正確與否，都心甘情願。

負面意義：多嘴線

真實是 258 連線的優點，但任何負面能量都來自過滿則溢。假如真實過頭也會說話傷人，不該說的話脫口而出，肆意表達自己的喜惡，這都會不小心給他人造成負擔與傷害。

1	4	7
2	5	8
3 —— 6 —— 9		

> **369連線：創意主線**

正面意義：智慧線

前面提到過，369 是代表靈性的組合，而走向智慧的途徑就是靠靈性。一個沒有靈性的人，即使刻苦學習、奮發圖強，覺知也很難達到智慧這一層。所以，智慧線的意義不僅僅是聰明機智那麼簡單，而是帶有精神思考層面的意味。就如有的人想改變自己的觀念，但又缺乏悟性，不但無法找到切入口，還很容易理解有偏差。其實悟性的來源就是「靈」。

把 3、6、9 細分來說，6 和 9 有類似之處，同樣都是感知型的數字，6 這個數字往往能憑感覺來判斷人和事物，而且準確度很高，9 對精神的需求是強烈的，並具備神性思維，在數字 3 的靈氣與表達力的推動下，將 369 組合提升到智慧的階段。

負面意義：空想線

辭典上對智慧有如此解釋：對事物和問題能迅速、靈活、正確地理解和解決的能力。沒有人生來就擁有智慧，即使 369 連線具備智慧的因子，這也需要在人生經驗中逐漸啟發出來。

智慧的對立面就是空想，不切實際，想得多，做得少，成為思想的巨人、行動的矮子。

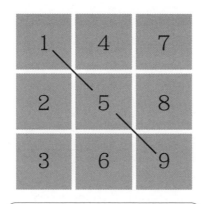

159連線：成效主線

正面意義：事業線

159 這三個數字屬陽性，同為奇數，所以組合在一起的能量很強大，重點針對的是做事的狀態，而且必須是有興趣的事。有此連線的人會把興趣所在當作事業投入其中，有堅持到底的熱情。有事業心的人未必是靠企圖心推動，出人頭地、賺錢養家，有 159 連線的人的出發點只有「我喜歡做」，哪怕這個事業不一定有什麼經濟效益，只要熱愛上就會相當用心。用心做事業的人在熱情投入下更具備創造力和持久力，往往會帶來無心插柳的結果。

負面意義：執著線

還是那句話，什麼事太過就會變成另一個反面。159 過於用心的時候會有「除了我想做的，其他都不重要」這樣的想法，會一門心思在事業裡，不顧健康，不顧休息，也不顧家庭，很容易顧此失彼地成為工作偏執狂。

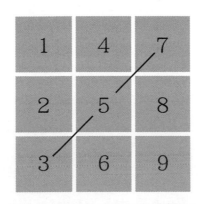

357連線：溝通主線

正面意義：人緣線

這是條討人喜歡的連線，一個人人緣好，並不意味著八面玲瓏，這也是很多人的一個盲點：我不會來事，我不圓滑，我不愛交際，我長得不好看，所以我人緣不太好。這種觀念是給自己找藉口，其實，好的人緣與為人圓滑、愛社交、好的相貌毫無關係，人緣的好壞展現在個人魅力上。

有357連線的人善於展示自我，有表現慾，口齒伶俐，思維敏捷，具備幽默感，有自己的主見，加上幸運的因素，很難被人忽略。有此線的人非常適合站在舞臺上面向大眾，這舞臺除了藝術表演，還包括政治舞臺、銷售舞臺乃至網路舞臺。357具備公眾人物的特徵。

負面意義：小人線

357連線的人通常是很有吸引力的一類人，能輕而易舉地獲得各種好機會。但假如被讚美和寵愛沖昏頭的話，就會以「名氣」當手段來索取別人的愛戴，沉浸在自我膨脹當中。愛耍大牌的人都是從君子淪落為小人的，所以，有357連線的人一定要清楚天有多高地有多厚。

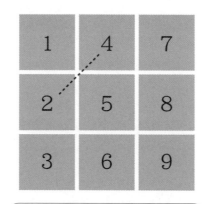

24連線：靈巧線

正面意義：靈巧線

　　生日圖中同時出現 2 和 4，這就是聰明人，敏感又精明，很難吃虧上當。這兩個數字的組合很矛盾，2 是好吸收新鮮能量，4 是堅守自己的小算盤，這種矛盾往往會給人帶來財運。比如炒股票的人若有這個連線，就會四處打探股市資訊，能快速吸收別人的經驗，又不至於頭腦過熱全盤付出，這樣一來反而容易賺到錢。

負面意義：奸詐線

　　騙子都是有高智商的人，而且做事精明，相當謹慎。當私慾造成 24 連線的負面能量時，反而是一條極險惡的連線，很容易讓人在犯罪的邊緣徘徊。

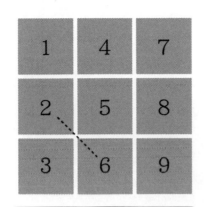

26連線：和平線

正面意義：和平線

有此連線的人非常在乎別人的感受，數字 6 的同理心旺盛，數字 2 敏感於別人的態度，這兩點組合在一起就會表現出很強的親和力。愛助人為樂，不喜歡麻煩別人，在人情世故上很在意友好和平，非常怕與人衝突。典型的例子就是，有 26 連線的人只要借了別人的東西，都會時刻牽掛著立即還上。

負面意義：不平衡線

待人貼心是 26 連線的優點，但也經常「和平」過頭，表現為唯唯諾諾，不好意思拒絕別人，總怕得罪人，而為別人著想過多也是負擔，對別人太好，對方稍微沒表示回報就難過不平衡。這是個大善人和大累人的組合。

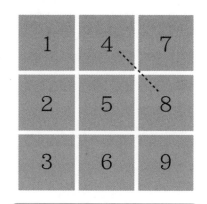

48連線：穩定線

正面意義：勤勞線

有 48 連線的人非常努力勤奮，4 和 8 同樣都具備執行力強和穩固的特點，而且也同樣對金錢有務實的心理。有此連線會表現為做事積極，在求穩定中善於開拓。

負面意義：焦慮線

48 連線的人非常實際，在乎成功，更在乎收穫金錢。有句老話叫「吃得苦中苦，方為人上人」，這已經是老觀念了，假如不改變的話，就會成為勞碌命。這樣的人一旦輕閒就會感覺焦慮，很多不安全感隨時會冒出來，從而給自己過大的壓力。48 連線的人目的性過強，太在乎世俗價值標準的話，也有可能用不誠實的手段達到致富的目的。

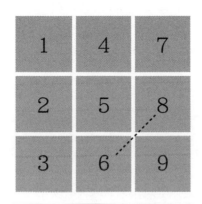

68連線：誠懇線

正面意義：誠實線

有 68 連線的人給人印象極親切和藹，非常在乎別人對自己的評價，會對別人好到掏心掏肺的地步，是表現誠實的人。

負面意義：虛偽線

68 連線的人看重做別人眼裡的好人，有壓抑自己真實感受的傾向，常討好別人，愛用「我這人很實在」這樣的話來掩飾內心的不滿情緒。這樣一來不但不誠實，反倒成了偽善，所以 68 連線的人壓抑越多，越有可能某一天突然情緒爆發。

應用分析：「世紀女王」瑪丹娜

　　瑪丹娜生於 1958 年 08 月 16 日，現年 55 歲，獅子座。

命數：11/2

天賦數：38

第一階段數：生月 8（0～25 歲）

第二階段數：生日 7（26 歲～52 歲）

第三階段數：生年 5（53 歲後）

　　從這組基本數字來看，瑪丹娜從小就對成功有著強烈的慾望，不甘於平庸，有出人頭地的雄心，名與利是她追求的目標。家道貧寒的她有著不服輸的個性，她身揣 35 美元獨闖紐約娛樂圈，期間追求夢想的過程十分曲折，繳不出房租、靠當廉價模特兒糊口。這部分經歷完全展現了第一階段數 8 的特徵，為了目標能屈能伸，絕不懶惰逃避。

　　在上世紀 80 年代，瑪丹娜的歌幾乎主宰了整個世界主流音樂市場。儘管她有著另類的個性與思考方式，但因為數字 8 有流俗的特點，她在成名初期走的是轟轟烈烈的商業路線，而不僅僅是一個叛逆龐克妞。她很現實，也需要金錢的力量。（命數 11 的第一階段是 25 歲前，瑪丹娜生月 8。）

　　事業高峰期過後，90 年代中期，她一改往日性感舞者的形象，重塑自我，風格變為民謠與抒情慢歌，更側重音樂內在表達，並參與

了一系列電影的拍攝，多次獲得電影大獎。這個階段她已經人到中年，產出數字 7 調動了她的思考力和內在智慧，當時媒體對她的評價是：「這時的瑪丹娜已經證明了自己並不只是一個娛樂明星，也是一個有思想、有內涵的嚴肅女演員。」（命數 11 的第二階段在 26 ～ 52 歲，瑪丹娜生日 16/7。）

再進一步畫出她的生日九宮圖。

需要畫圈的資訊如下：

出生年月日：1958 年 8 月 16 日

生日數：7

天賦數：38（1+9+5+8+8+1+6=38）

命數：11 和 2（3+8=11=1+1=2），除了命數 11，還要圈上 2。

星座數：5（獅子座代碼 5）

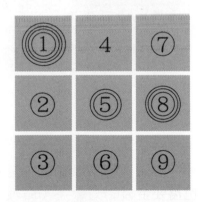

透過圈畫生日圖，我們看到瑪丹娜有 4 個 1，3 個 8，2 個 5，單圈數字是 2、3、6、7、9，空缺數是 4。

瑪丹娜的大能量都展現在 1 和 8 上，而這兩個數剛好同樣具備領

導力和霸氣。她的個性獨立，自成一派，不屑模仿跟風，她的形象總是千變萬化，放浪不羈。如今瑪丹娜被稱為「娜姐」，這個姐不是年長的意思，而是大姐大。

她確實具備歌壇老大的資格。在瑪丹娜身上，1的開創精神和主宰自我的意識非常強，甚至強到唯我獨尊，而數字8的能量令她對名利的慾望一直都保持不變。為了達到成功，為了鶴立雞群，她同時也具備1和8的好出位的特點，年輕時代的娜姐以作風大膽著稱，勇於施展性感，也勇於顛覆，無論是在舞臺上還是生活裡都不驚人誓不休。對一個8能量過大的人來說，這也是成名的捷徑。

不要忽略她生日圖中的兩個5，她是極有主見的人，從小就非常清楚自己的需求，懂得把握方向感。命數11雖然有心比天高的特徵，但好在娜姐有兩個5，這讓她非常清楚如何達到天高的標準。5是整個生日圖的中心思想，是心力的來源，結合能量最大數1和8衡量的話，瑪丹娜是個非常堅定做自己的人。

但從負面上看，娜姐的脾氣很躁，缺乏耐心，尤其是自大的問題非常嚴重，所以她的人際關係往往會失人和。她有自大強硬的特點，常挑戰別人的神經，甚至挑釁，帶給別人的壓迫感也不輕。

年過半百的瑪丹娜依然常會出現顛覆傳統的舉動，對自我意識為中心的人來說，這不足為奇。與其說她是女權主義者，不如說她壓根就是個內在的男人。她充滿陽性的力量，和她結婚的人長期相處之後都會痛感性別角色的顛倒。瑪丹娜有過兩次婚姻、無數次花邊感情經歷，她也曾是雙性戀者。她2008年與導演蓋·瑞奇結束8年的婚姻，2009年即傳出新聞，52歲的她準備與22歲的巴西男模約瑟·魯茲結婚。（命數11的第三階段在53歲後，瑪丹娜年份數5。）

　　從命數 11（2）和生日 7 看，此人的精神意識很高，她並非胸大無腦之輩，愛思考人生，並且有過人的智慧。她的生日圖唯獨缺少數字 4。

　　再來看連線的情況，瑪丹娜的生日圖一共有八條完整的連線，123、369、159、789、258、357、26、68，不完整的線是 147、456、24、48，只空缺數字 4，這已經算是優勢比較全面的人了。從欠缺的數字 4 也能看出一點「秘密」，她雖然有名利慾望，但並不是個以賺錢為動力的人，也就是說她要的是成就感，而成就感對一個有 3 個 8 的人來說就是名和利。這很有意思，瑪丹娜既不精明也不勤奮，而且還有些清高不合群，她完全是憑本事打天下。當然，她在某一方面也是個有世俗氣習的女人。

　　從瑪丹娜的一些自述中也可以瞭解她的數字特徵：

　　「直到我像上帝一樣有名，我才會感到高興。我性格暴躁，又野心勃勃。我非常清楚自己想要什麼。如果這樣會使我成為一個壞女人的話，隨便！」

　　「我逼迫自己無論做什麼事都要獨立自主，這是非常有益的。它可以讓我真實地接觸到事實。我從來都不能過一種被保護的生活──這會使我發瘋。」

　　「我可以是一個壞女人。但在內心深處，我確實是一個好女孩。我是完美主義者。我還面臨很多的壓力。有時候，如果你想做成一件事，就必須做個壞女人。」

　　「我野心勃勃，但如果我光有野心沒有智慧的話，那就是一個粗俗討厭的人。我並不因為獲得成功而驚訝，我覺得這是很自然的。」

　　「有時我很傲慢無禮，但我從不是故意的。我確實很目中無人，

但這也不是什麼新鮮事了。在我尚未成名之前，我就在擺明星架子了。如果人們看不出我的幽默，就會感覺我很傲慢。但如果我發現人們的一些軟弱之處，而他們也肯承認的話，我就會讓自己討人喜歡。有些人試圖掩藏一切，試圖讓你覺得他們很酷。我真是忍受不了。」

「我認為如果一個人獲得了巨大的成功，公眾就會開始討厭她，希望這個明星摔倒在一塊香蕉皮上。這是最基本的人性。」

CHAPTER 5
限制數：童年習氣落下的病根

＊　＊　＊　＊　＊

占數學非常奇妙，僅靠出生年月日加加減減便可解讀一個人的生命線索。生日數、命數、天賦數、九宮圖，綜合起來看的話，就可以比較完整地勾畫出一個人的生命藍圖。但每個人都不是平面體，無法用簡單的幾個數字概括全面，即使性情再簡單的人，也有其多方位的複雜性。

有些深藏不露的特徵時刻潛伏在我們的行為當中，成為特有的人格面具，隨時會跳出來擾亂你的心理和行為——這就是限制數。

前蘇聯有個行為派心理學家叫巴普洛夫（Pavlov），他做過一個著名的實驗，就是「狗流口水」。

一隻狗有條件反射，見到好吃的東西就流口水，即使牠吃飽了，只要把肉骨頭放在牠面前，這狗就止不住吧唧嘴。在這個實驗中，巴普洛夫在給狗食物的時候加入了鈴鐺聲，每次餵食的同時會搖幾下鈴鐺。過了一段時間後，這隻狗只要聽到鈴聲，就控制不住流口水。這鈴聲就成了牠長期養成的一個習氣，也是一個條件反射，對狗來說，鈴聲＝食物，這「毛病」要是長此以往就成了病根。

從小到大，我們在父母影響和調教下也會養成一些自相矛盾的「毛病」。這些「毛病」並非來自性格因素，而是與外界與家長相處時形成的一種價值觀和行為模式，並且在成年後會下意識地將兒時建立的習氣當作真理，這與巴普洛夫實驗中的狗與鈴鐺的關係是一樣的。印度哲學家奧修說：「父母的制約是世上最主要的權威。」當你把認定的「真理」融入到生活裡去的時候，就會給自己造成一定的約束，與你真實的需要切斷聯繫，這些約束也會成為你做人的面具。

我們每個人都有一個「鈴鐺」，只是你一直都沒有察覺，如果不

瞭解限制數的意義的話，也許你還會與自己對不上號，畢竟人人都不願意面對那個「面具」。唯一解決的辦法就是學會內觀，學會察覺自己的真實需要，習氣也是可以解除的，無非是多用點時間和經歷去還原自己。

　　限制數是出生月和日相加的總和，如 11 月 22 日生，限制數就是 6。

計算方式

　　以 11 月 22 日為例——

　　第一步：先將月單獨相加 1+1=2

　　第二步：再將日單獨相加 2+2=4

　　第三步：把月數和日數相加 2+4=6

　　再以 3 月 5 日為例——

　　單數的生日都比較簡單，可直接相加：3+5=8，數字 8 就是其限制數。

從小父母對你要求嚴格，誇獎鼓勵較少，指責多，這種態度大多來自陽性的力量，也就是從父親那裡獲得。（也有另一種情況，父母的性別角色顛倒位置，母親在家比較強勢，而父親柔弱，這也會造成母親的力量是陽性。）

你的強勢家長常用說教的口氣教育你，比如你做了一件事，本來以為能得到表揚，但你父親會嚴肅地告訴你：「你怎麼能這樣做呢？不行，這是不對的，我告訴你應該如何去做！」如此的教育方式長時間對你造成影響，讓你形成了自卑感，你總覺得自己做什麼都不行。

你的自尊心特別強，無論做什麼事都要爭強，死要面子，而這個面子剛好導致了一種緊張。你努力向他人證明「我是正確的」，可是任何事一旦有了「我要證明」這層意思，給人的心理壓力就會非常大。

你無法信任自己，注意力不在自己的身上，過分關注別人的期待，這讓你焦慮不安。

建議：接納自己的一切，尤其要學會接納你認為不好的那部分。自信的人用不著證明給別人看，哪怕你是個殘缺的人，只要接受殘缺就會變得自信。

限制數 2（或 11）

你的母親對你的影響很大，這裡有多方面的情況，如單親家庭，從小與母親相依為命，或者母親過於疼愛你，父親在教育上插手較少。無論是哪種情況，都與陰性的力量過大分不開。

母愛是偉大的，只是愛也會演變成控制，你在這種關愛下會逐漸失去自己的判斷，產生一種依賴。

你習慣依賴別人，不知道自己到底怎麼樣，只能從別人對你的態度與評價中尋找自我。「此人說我人不錯，嗯，那我很好，可是為什麼彼人要說我壞話呢？是不是我不好？」你特別敏感於別人對你的態度，怕與人發生不愉快，而且很擔心聽到壞評價。

你想成為別人眼裡的好人，但又生怕別人發現你的弱點，於是用表現強大來掩飾內心的脆弱。你身上隨時帶著盾牌，有時會顯得暴躁頑固、刀槍不入，一派滾刀肉作風。

建議：你需要勇氣來面對自己內心的「弱」，弱並不可怕，可怕的是抵抗弱的部分，這樣反而更脆弱。

限制數 3

　　小時候你父母覺得你聰明伶俐，以你為榮，經常會把你帶到親朋好友面前展示，所以你很小就知道怎麼做才能討大人的歡心。不知不覺中，你很懂得「演戲」，擅長「表演」給大人看，很清楚怎麼扮可愛才能得到關注多一些。

　　限制數 3 的孩子有點叫人心酸，也說明父母給予的愛有些匱乏。

　　成年後你是社交高手，表演會由習慣變成特長，懂得隨機應變，善於察言觀色，對別人的心思和狀態都能揣摩出來。而且能見人說人話、見鬼說鬼話，對於怎麼取悅別人、什麼時候高調一點、什麼時候低調一點都非常清楚。

　　你在外面是好人緣，看起來也大大咧咧，但真與假只有自己清楚。你對外面的人很慷慨大方，也喜歡和朋友交流談心，可是在家裡卻是個悶葫蘆，不願意與家人溝通，因為你很不開心。「演員」謝幕後是最寂寞的，這一點也會影響到你的婚姻生活。

　　建議：想清楚自己想怎麼樣，而不是別人想讓你怎麼樣，你想笑就笑，不想笑就完全可以告訴別人「我今天不開心」。最好把注意力放在自己身上。

限制數 4

你的父母都是觀念保守的人，他們從小就灌輸給你「安全之道」，這安全包括穩定的收入、穩定的工作以及穩定的婚姻，包括保持身體健康等等。任何不安全因素對你的父母來說都是危險的，所以，他們限制了你的個性發展，即使你是愛自由、怕束縛的人，也會在這樣的教育下成為乖孩子。

沒錢的時候你比誰都不安全，有錢的時候怕花光了，還是不安全，身體不好不安全，沒人搭理你也不安全，失戀了更不安全。你的父母還會在你成年後限制你，繼續灌輸安全意識，操控你的婚姻選擇，這讓你一直都安全不起來。

你不願意面對一些問題，總是用逃避的方式解決，而你真正被限制住的就是勇氣。

建議：把注意力放在自己的身體需要上，假如你突然想吃魚，一定是身體在需要，或者你某天夜裡非常想嚐嚐榴槤的味道，這也是你的需要。經常滿足自己的需要，你會感覺輕鬆很多，就不那麼緊張了。

限制數 5

　　你本來是很活躍的孩子，調皮搗蛋，因好奇心強而表現得精力過於旺盛，也愛引起別人的注意。這本是一個聰明孩子的特徵，可是你父母會覺得這樣「不好」。他們希望你做個老實孩子，只要你有淘氣的行為，他們就會向你灌輸「你要聽話」、「你要乖」這些資訊，時間長了就形成了對你的克制。

　　你只能讓自己成為有素質的好孩子，穩重、安靜、省心，實際上你非常需要自由，也渴望有那麼點叛逆精神。但是你做不到，你習慣了克制自己的能量，壓抑而收斂。你會把這種自我約束投射到處世上，很怕承擔責任，愛逃避問題，更缺乏自信。

　　建議：好好想想你最怕什麼？對什麼感覺很恐懼？為什麼不把你怕的事或者你認為不好的事當作一次冒險呢？這是很刺激好玩的事。放開自己，做個不乖的孩子又如何？

限制數 6

　　與父母之間的感情關係有關。限制 6 的童年有可能在不和睦的家庭中長大，從小非常敏感於父母的態度，很怕自己做錯事。你的道德感非常明確，把事情按對與錯來劃分，一旦認為做了「不對」的事就會很難過，尤其擔心父母會不高興。這種狀況讓你有種隨時要道歉自責的感覺。

　　你的父母會有這樣的教育方式：「你把地掃了，我給你買糖吃。」等長大了，你的標準就是「不掃地就不應該吃糖」。

　　你需要被人愛的感覺，對外卻有內在父母情結，你會站在家長的角度審判別人的毛病，動不動就拿道德標準來衡量一番。不過你這只是先發制人罷了，因為你怕別人先說你不對。

　　還有就是習慣了以交換的方式獲得愛：我對你好，你不能對我不好，否則我會很不平衡。

　　建議：所有的人都是善惡一體，沒有不犯錯的人。你要告訴自己，你沒必要對所有的人負責，人家也不需要你去負責。多體會自己內心的真實想法，對自己負責更重要。

限制數 7

　　你從小就很喜歡想問題，對很多事都好奇，腦子裡有無數個「為什麼」。你的父母要嘛沒有耐心解答你的問題，要嘛是因為他們的知識層次太低而沒有回答的能力。你不得不自己去琢磨，悶在家裡胡思亂想。

　　你什麼都想知道，容不得自己無知。可是你不知道的事太多了，又不願意面對這個現實，你只能把自己封閉起來，按主觀的想法去「思索」。這就像井底蛙的作風，明明不知道明天會發生什麼，可是你會編造一個「我知道」，然後沉浸在這個答案裡故作通透，但那未必就是正確答案。

　　限制住你的就是不懂裝懂、裝神弄鬼，未必裝給誰看，但至少能填補你對無知的恐懼感。

　　建議：你沒必要讓自己什麼都知道，應該把注意力放在實踐上。頭腦經常會成為智慧的絆腳石，你要經常對自己說：宇宙之大，我太渺小。

限制數 8

你的父母都是比較要強的人，很在乎社會標準意義上的成功。他們潛移默化地灌輸給你成功與失敗的道理，不只針對學業或工作，可能在其他方面也有此觀念，比如拿鄰居的孩子和你做比較。你很小就希望靠努力做一個不平凡的人。

一切盡在掌握才踏實，你不想做失敗的人，你需要成功，要掌握周遭的一切。你的控制慾非常強，在工作上愛插手上司的抉擇，在生活裡想隨時掌控周圍的動向，包括對親密的人進行干涉。

即使你在成年後有高尚的人生觀，有高層次的心靈追求，可是習慣的思維模式還是會讓你有世俗的舉止。錢就是你的安全感。

建議：沒有失敗就沒有成功，把失敗當作實驗的樂趣豈不是更有成就感？不管是周圍的一切還是你身邊的人，那都是虛構的景象，你才是真實存在的個體。

限制數 9

　　小時候你有被老人帶大的經歷，也就是父母工作繁忙或生活較動盪，曾有很長一段時間不在你身邊，你有寄人籬下的感覺。所以，你從小就不放鬆，很在乎別人對你的態度，與限制 2 不同，你在乎的不是別人怎麼看你，而是是否需要你。

　　被需要成為你成年後的價值所在，一旦被人需要了，你就會義不容辭地盡心服務他人，不想冷落任何人。可是矛盾的是，一旦別人的求助帶給你負擔，壓力又會激發出你的不平衡和抱怨，甚至會出現排斥與冷漠的態度。

　　做大善人是要付出代價的，而且要徹底置自己於不顧。不能把你自己想要的放在第一位，你做得到嗎？做不到的話就不是大善人。要清楚一點，滿足「被需要」只是你的「需要」而已，與善良沒任何關係。

　　建議：經常想著先「我」後「他」，你自己的感受要放在第一位，你不喜歡做就不做，你想拒絕誰就拒絕誰。你會發現，當你說「我不願意」的時候，一切都跟以前一樣。

CHAPTER **6**
細說數字流年

＊　＊　＊　＊　＊

「流年」這個詞經常會出現在中西方各種命理運算上，流年也就是運程。我們中國的八字理論中最講究推大運，而西方的占星也同樣有靠行星的變化來推斷流年的說法。占數學也同樣有流年計算法，以9年一個循環為起點，這是生命週期的循環規律。

與八字流年和占星流年不同，數字的流年總結是固定不變的法則，在宇宙磁場的物轉星移中展現出生命週期的波動。1～9是一個周而復始的規律，是生命之樹從播種到結果的演變過程，而數字流年就是在這種規律下產生的共振。瞭解數字流年，可以做到有先見之明，可以幫我們抓住機會順勢而為，對人生有很明確的指導提示作用。

數字流年很令人驚奇，你每次的新起點都會出現在流年1那一年，而你每次結束一個小的階段都會出現在流年9那一年，一切都在數字的掌握之中。

流年的計算方式

流年數＝當年數字＋你的生月＋你的生日（相加到個位數）

舉例說明：小王的生日為 1976 年 7 月 11 日

計算 2010 年他的流年數字，就是把 2010 加上 7 月 11 日，一定要記得拆開相加簡化到個位，公式如下：

2+0+1+0+7+1+1=12=1+2=3

那麼，小王 2010 年的流年數就是 3。

流年 1：播種期

播種即代表一切重新開始，為日後的收穫做第一手準備，充滿從頭再來的信心，這是一個新起點。

去年想好的計畫今年有可能要出現機會並行動起來，你將有機會挑戰新領域。信心對你來說非常重要，這是能量最強的一年，也是改變以前模式的大好機會。

這一年的勇氣比往年要充足，假如能牢牢抓住機會，今後的 9 年裡，你的人生將進入新的狀態中。周圍變動的事比較多，如調升工資、升職、搬家、換工作等，這些事情其中的某一項會輪到你頭上。

戀愛方面，正在尋找愛情的人，這一年有可能會出現目標。

這一年最該注意的就是急躁衝動，播種期最怕的就是急於求成。假如一意孤行的話，就有可能在今後的幾年裡出現問題。對性格不果斷的人來說，一成不變只能讓你一邊抱怨一邊按兵不動，也就沒什麼起點可說了。

在身體健康方面，注意不要透支體力，雄心再大，健康也不能忽略。心臟、肺、眼睛、血液等部位在這一年都會很脆弱。

流年 2：蟄伏期

播種之後需要等待一段時間才會發芽，所以這一年的任務就是蟄伏，為種子澆灌，靜觀其變。

不變應萬變，改變都是悄悄進行的，表面看沒什麼大動靜，這也是在為下一年的忙碌做準備。

你很可能不太喜歡動，這是讓自己多點時間思考分析的最佳狀

態。這一年的任務就是培養耐性，改進自己的一些舊觀念，等待時機。但並不是什麼都不做，有很多事都在動著，比如合作機會多了，新的人際往來多了。

這一年最適合結婚、與人合夥、協助別人或被協助，把精力用到生活、家庭裡最好。

容易膽小怕事，上當受騙的事情會發生，會被迫接受不想做的事。不要過度看重什麼，否則會因壓力大而造成情緒受困。這一年就是以柔剋剛年，千萬不要硬碰硬。

在健康問題上，消化系統、糖尿病、腫瘤、痔瘡、缺少維生素等小毛病都該注意。

流年 3：萌芽期

這一年種子要破土而出，充滿活力，十分忙碌操勞。

這一年精力旺盛，點子多，是最有創意的一年。表達的機會多了起來，所以有可能今年很想找一個出口來表達自我，而且心境會變得簡單樂觀，社交也比往年頻繁。

這是拓展事業的機會年，但要注意身體不要超負荷，不然會身體受損。種子在發芽期是最脆弱的，這時也是最容易自我懷疑的時候。要是想做點什麼，最好聽從你的直覺。

這年靈感靈氣都很強，會有機會找上門，感情沒起色的人也許會有奇緣出現。

注意口舌是非，不利你的人偶爾出現，要先看自己的毛病，是不是自己說話太衝、耍小聰明而造成的？數字 3 是火，這一年少說話沒任何壞處。

這一年開銷很大，要留意收支平衡，不要讓錢成為壓力，要不然等流年 4 這一年可就當上熱鍋上的螞蟻了。還要注意不要丟東西，馬大哈當不得。

在健康方面，皮膚病、縱慾、血壓、脾氣暴躁，這些都要小心。

流年 4：紮根期

發芽的種子已經深入到了泥土之中，紮根的感覺非常安全。

這是 9 年循環裡最重要的一年，成長中每到流年 4 都會在生活壓力下萌發新的看法。想安定的願望很強烈，對自己和家人的責任心在這年會調動出來。這是比較勞碌的一年，即使身不忙，心也很忙，一直在找機會，找自己適合的事。

沒結婚的有結婚的想法和行動，家庭是這一年重點考慮的問題。

每到 4 這一年會出現一些不安，如對金錢方面的擔心、職業方面的選擇、家庭方面存在的問題等等，這是在現實的壓力下感覺迷茫的一年。最明顯的不安全是經濟恐慌，總怕沒錢，總是擔心以後的日子，這一年隨時都會出現心理「危機」。

在健康方面，焦慮，情緒緊張，這兩點需要注意。

流年 5：繁衍期

發芽的種子已經逐漸茁壯成長，前四年你一直在耕耘，而這一年你可以放鬆一下了。

此時你迎接來的是轉變的時機，這轉變既有物質上的也有心態上的，但好在終於擺脫了前一年的不安全感，精神會放鬆很多，能做到

放掉包袱、解脫自己。這一年可能有點懶惰，不太想做按部就班的事，最嚮往心中想要的生活。

假如一直以來都沒有學會養活自己的話，這一年可以學著改變一下套路。貴人多，財運非常好，算是一個小的新開始。

裁員、離職、分手、離婚這些因素會因人而出現，計畫趕不上變化的一年。這一年桃花運比較多，自制力欠缺，尤其花錢大手大腳，另外吃東西要注意節制。

在身體健康上，各方面都要注意。

流年 6：孕育期

紮根在土裡的幼苗需要肥沃的土地來滋養，這是一個奉獻的階段。

這一年代表治療。假如你自己問題很多，也很喜歡傾聽別人的問題，那麼聽得越多越是好事，你會發現自己的心情已經被逐漸帶動而有了出路。最該坦然面對付出與索取的關係，這是成長中針對個人私事的重要一年。

這一年會遇到一些麻煩，感情和工作上不順心的事情很多，沒必要要求自己什麼都做好，這樣反而會加重身心負擔。

假如戀愛婚姻等方面一直有問題沒解決的話，這一年會有挫敗感，必須面對，不要逃避，長期積壓的委屈和不平衡都有可能在這一年的某階段爆發。

要留意和家人的關係，尤其是父母和配偶、孩子之間的關係，有可能會出現緊張的氣氛。你周圍的朋友也會出現一堆抱怨的情況，好像人人都遇到了問題。最好能在 6 這一年多接觸心靈治療，看看書，

多思考，盡量包容別人。

在身體方面，免疫系統、呼吸系統、生殖系統都要留意。

流年 7：重整期

臨近收穫期最需要做的是鋤草、除蟲、施肥，為了果實豐碩，這些功課必不可少。

這一年你會發現自己很喜歡思考，是那種愛追根究底的思考，對生命有很多很多的問題要問。

這是重整自己的機會年。重整是需要從心靈開始的，假如只求外在改變而內心不變，也堅持不了多久。7 這一年沒有物質能量，想在今年賺錢的要把注意力轉移一下。你很有可能接觸到哲學、玄學之類的東西，即使以前從沒瞭解過，這一年也會很有興趣。一直就在這些課題裡轉圈的人，這一年會有特殊的靈感，精神上會充實一些，是學習的好時機。

不太想與人來往過多，很想一個人安靜一會兒，會有些孤僻。如果平日一直把賺錢當追求的話，這一年有可能會很失望。在感情上苛求的人更是容易誇大問題，疑心重重，會更加憂鬱，因為 7 的思考能量和封閉會讓想不開的人鑽入死胡同。

在身體健康方面，較易失眠、神經衰弱。

流年 8：結果期

終於迎來了收穫的日子，在這一年你會釋放所有的能量做為衝刺。

數字 8 有收穫的意義，但這也只限於前幾年一直比較好的人。如果前 7 年的基礎打得好，到這一年會明顯感覺很多事情有了回報。這一年運氣要好很多，個人能量比較大，想做什麼只要有勇氣就可以行動。有創業打算的人可以選擇在這一年創業。

8 這一年容易貪心，剛愎自用、自私貪婪的問題會存在。尤其是前 7 年過得不好的人，這時反而會更急於要結果。所以一不留神就會面臨負債、判斷失誤、失利等負面因素。

這一年不管好與壞，都要注意適可而止。這一年有因果輪迴的因素，多做點好事會對自己的運氣有些幫助。

在身體健康方面，頭痛、牙齒上火、便秘、骨骼病、血液病，都該小心為上。

流年 9：休息期

8 年的勞作換來了豐收，該休息一下了。

也許這是最迷茫的一年，因為收穫後留下一片空地。福氣也是循環而來，運氣壞到頭的時候，一定會好轉起來。了結你所有的鬱悶和不安，該割捨的割捨，摒棄乏味的喜好，試著找找新的熱情，對於不健全的感情要趁早放棄，別消耗彼此。有結束才有開始，過了這一關就是精神抖擻的一年了。

9 年週期的最後一年會好壞參半，黑暗和光明一線之隔。同樣是心靈提升階段，但這一年與 7 不同，靠的不是理性思考，而是機緣，會出現一些緣分來令你關注內心。先捨後得是這一年必須具備的心態。

有些事會逼你去重新審視自己的生活，會有糊塗的狀態，容易被

自己誤導，在物質方面會有不明智舉動，給自己造成一定的壓力，明顯感覺無力。方向感很差，在年底會感覺目標清晰很多，就當作黎明前的黑暗吧！總有些事要完結，比如該離婚的拖著不離，該辭職的一直沒勇氣放棄，還有失業的問題，都有可能出現。

不要在 9 這一年投資產業，買房或者創業等都很容易判斷錯誤，不如等到流年 1 的時候再動。這一年對身體不好的人來說，好轉的可能性較弱，嚴重的還會惡化甚至死亡。

9 是大愛之年，不能因為自身有些瓶頸就有自私的行為，這樣反而對下一年的開始更加不利。

在身體健康方面，需注意易有意外、抑鬱、心理壓力。

CHAPTER **7**
吸引數字能量法

＊　＊　＊　＊　＊

只要你身邊出現數字，一定與你有必然的聯繫，就像有很多人都遇到過這樣的奇特經歷：一個生日 3 的人隨時會與數字 3 相遇，從小到大，數字 3 隨處可見，班級、准考證號、門牌號、手機號，甚至結婚證書編號，就連去飯館吃飯都會無意中坐在 3 號桌。這就是數字能量的吸引力，像是有一種神奇的力量在左右你。

數字能量不流通會造成很多生活上的障礙，面對自己不擅長的事，首先要先接納自己的欠缺，然後可以想辦法增強這方面的能量。這既是成長的心理動力，也是吸引空缺能量的途徑。

方法一：水晶

水晶（晶石）是大自然的恩賜，任何天然礦物都帶有看不見的能量波長。它們之所以能對人產生一些治療或啟發美好願望的作用，除了晶石本身具備擴大能量的功能之外，還有更重要的一點：冥想是人的心理動力之一，比如當你被告知紫水晶可以增加智慧和思考能力時，你會因此獲得自信心的提升，這種意識驅動力不可小覷。

人類的身體中有 7 個主要的能量脈輪，「chakra」意為旋轉的能量輪，將脊椎與中央神經系統連接，沿順時針方向旋轉，每一個脈輪都有一種特殊的震動頻率，分別與彩虹的七色相對應。古老的印度哲學提到，當人清淨了所有脈輪，從第一脈輪的紅色到第七脈輪的紫色，便會獲得彩虹般的身體，全身煥發亮麗的光彩。

天然晶石是透過色彩光的傳達，增強人的心力與環境能量場。按七脈輪對應的數字，可延伸出晶石的分類：

數字 1——海底輪··

位置：脊椎骨尾端，位於生殖器官與肛門之間。

顏色：紅色，第二顏色黑色。

相關內分泌腺體：腎上腺。

相關器官：脊椎骨、腎臟、背部、臀、腿，腳。

對應晶石：茶晶、紅碧玉、紅石榴石、縞瑪瑙、血石、紫黃晶、黑曜石、火瑪瑙、軟玉、赤鐵礦、黑碧璽、隕石、紅色珊瑚、黑髮晶。

數字 2——本我輪··

位置：位於薦骨部位。

顏色：橙色。

相關內分泌腺體：性腺。

相關器官：生殖器官、膀胱、腸。

對應晶石：紅兔毛、琥珀、紅玉髓、霰石、橙色方解石、金色綠寶石、鋯石、透明石膏、貓眼石、太陽石、橙色珊瑚、紅幽靈，以及橘紅色寶石。

數字 3——臍輪··

位置：是第三個輪脈，即丹田，位於太陽（腹腔）神經叢部位。

顏色：黃色。

相關內分泌腺體：胰臟。

相關器官：胰臟、胃、肝、膽囊。

對應晶石：黃水晶、金色托帕石、黃綠色碧璽、虎眼石、金髮晶、橄欖石、祖母綠、琥珀、孔雀石、黃玉、鈦晶。

數字 4——心輪

位置：是第四個輪脈，位於心臟部位。

顏色：綠色，第二顏色粉紅色。

相關內分泌腺體：胸腺。

相關器官：心、肺、循環系統。

對應晶石：粉晶、綠幽靈、綠髮晶、綠東陵玉、孔雀石、祖母綠、綠色玉、紫鋰輝石、捷克隕石、薔薇輝石、西瓜碧璽、綠松石、綠碧柳等綠色寶石。

數字 5——喉輪

位置：是第五個輪脈，位於頸部。

顏色：藍。

相關內分泌腺體：甲狀腺、副甲狀腺。

相關器官：口、喉嚨、支氣管。

對應晶石：海藍寶、藍色托帕石、藍髮晶、藍松石、方鈉岩、鋯石、藍晶石、天河石、針納鈣石（拉利瑪）、藍寶石。

數字 6——眉心輪（三眼輪）

位置：位於前額，雙眉之間，第三隻眼所在的位置。

顏色：靛藍色。

相關內分泌腺體：腦下垂體、松果腺。

相關器官：腦、耳、鼻、左眼、神經系統。

對應晶石：藍銅礦、紫水晶、天青石、藍寶石、紫瑩石、方鈉岩、青金石、舒俱來石、紫玉髓。

數字 7——頂輪 ·······································

位置：第七個輪脈，位於頭頂正上方，是一個不屬於肉體上的位置。

顏色：紫色、白色。

相關內分泌腺體：松果體。

相關器官：脊椎上部、腦幹、右眼。

對應晶石：白水晶、銀髮晶、白玉髓、紫水晶、紫黃晶、白色月光石、白色托帕石、砷碟、蛋白石。

數字 8——第八輪 ·······································

位置：頭頂上方（天使光圈）。

顏色：金色（第 2 色紫紅色）。

相關內分泌腺體：無。

相關器官：無。

對應晶石：鑽石、白水晶。

數字 9——第九輪 ·······································

位置：靈。

顏色：珍珠白色（第 2 色透明色）。

相關內分泌腺體：無。

相關器官：無。

註：脈輪只有七個，第八輪和第九輪是人體之外的神性輪。

方法二：交流

當你欠缺某個數字的時候，你可以在朋友當中選擇具備此數能量的人，多與他交流談心，你會從朋友身上學習到自己不擅長的那部分東西。

如果你欠缺 6，而你生活裡有朋友命數是 6 或生日是 6 或生命數字表中出現 6 的頻率比較多，他會帶給你關於數字 6 的影響。

這是潛移默化的一種彌補方式，尤其是夫妻或戀人之間的數字能量互補最為明顯，你會在不知不覺中擁有此數的力量。

方法三：色彩

用色彩彌補。

色彩與數字有對應關係，對色彩的喜好可以看到一個人的性格特徵。因此，不僅有色彩心理學，還有色彩占卜學。

彌補數字能量也可以從色彩做起，如將衣著色彩、家居色彩等，換成你需要的數字顏色，你的生活肯定會有所改變。

數字 1——紅色：紅色屬於地火的顏色，代表的是身體的力量，可幫助你增加行動力。

數字 2——橙色：橙色是紅色與黃色的組合，且比紅和黃更為和諧悅目。

數字 3——黃色：黃色是紅黃藍原色之一，一旦屬於原色就具備了「單純」這個特點。

數字 4——綠色：4 其實就是代表土地，要求穩固、安全，是生命的根本色。

數字 5——藍色：藍色是自由之色，是天空大海色，也代表人的左腦，就是理性、冷靜、思考、語言。

數字 6——靛藍色：靛藍色其實就是青色，蠟染、牛仔褲的顏色都是靛藍色。

數字 7——紫色：色彩心理學上，紫色代表的是精神和智慧。

數字 8——金色：太陽的色彩，象徵著權貴。

數字 9——白色：白色是很多人迷戀的顏色，代表著純潔與靈性。

方法四：生命數字能量卡

此卡隨書贈送，一共有 1～9 九張卡，卡的色彩也是數字對應色，上有肯定語。如果需要哪個數字，可隨身攜帶以吸引此數字的力量。

數字卡也可以與家人朋友分享。

附錄：個人數字密碼表

姓名：		
生日：		
命數：		
生月數：	型塑啟蒙期年齡層：	
生日數：	產出壯年期年齡層：	
生年數：	豐收晚年期年齡層：	
天賦數：		
星座數：		
限制數：		

1	4	7
2	5	8
3	6	9

最大能量數：

空缺數：

後記

　　看到這本書，也許你很好奇，也許你半信半疑，也許你想用來娛樂，不管你有什麼樣的心態，最好能找個悠閒的時間，安靜地從頭讀到尾。你還需要準備紙和筆，甚至計算機，因為占數的計算方式並不簡單，如果不是帶著興趣，很可能就沒了耐心。

　　占數學的隨意之處在於每個人的生日可以信手拈來，你最好先透過數字瞭解了自己之後再去「算計」別人，不要著急。我經常會遇到缺乏耐心的人，他們連自己的密碼都沒有瞭解清楚，就急著去給朋友、同事講解，這樣很容易對別人造成誤導。所以，先把最基本的數字關係理解透徹，再去傳播也不遲。

　　初次接觸占數，你可能最關心的是「準與不準」，你可以把它當作新奇的占卜術，也可以把它當作星座的另一個說法，或者你都可以帶著審視的眼光去看待它。如何看待取決於你，任何事物都沒有固定的標準。

　　從瞭解數字本質開始，你一旦探索進去，就會發現，數字並不是枯燥乏味的符號，它帶你走進了一扇神奇的大門，從好奇心開始，逐漸會讓你著迷，還有可能讓你對人生有了新的看法。

　　我收集到一些普遍性的疑問，找幾個重要的話題做個解答。

1. 既然出生年月日都已經決定了性格和方向，那豈不是在說數字很宿命？我該不該信命呢？

　　信命不等於宿命，差一個字，意思大不同。信命的另一個說法叫

「天命論」，就是說信命的人對天人合一之說深信不疑，算是積極的宿命。古語說：「謀事在人，成事在天」，古語還說：「事不謀不成，多算則勝，少算則不勝，況於無算乎？」

既然生日可以看到人的多方面特點，一切皆有安排，既然萬事由天定，該是你的一定是你的，不該得到的強求也沒用。命運的走向取決於你的性格和觀念等各方面因素，就如同積極、有勇氣的人不行動就會覺得對不起自己，即使有人告訴他「不用那麼勤勞，不過白忙一場」，他也照樣會按自己的方式去奮鬥。

宿命的人剛好相反，宿命是種悲觀的態度，他們認為，反正什麼都註定了，我還努力什麼呢？既然我肯定離婚，那還結什麼婚？既然我註定是窮光蛋，那還上什麼班？既然我早晚要死，活著還有什麼意思？

宿命的人有個壞毛病，就是特別愛窺視自己的命運走向，但又沒有心理承受能力，聽到好的一面就得意，聽到壞的一面就如同挨了悶棍，這就叫庸人自擾。宿命的人最好不要打探自己的人生，除了不具備面對的勇氣，最關鍵還有容易因此對自己期許過高，與現實脫節。

2. 數字中大部分都透露了人性的缺點，我看過之後很沮喪，原來我是那麼糟糕。

有這樣一個檢驗你缺點的測試，把令你討厭的人的那些壞毛病依次寫在紙上，然後大聲朗讀，看看你在讀哪個詞的時候聲音會變小，甚至會不想去唸。當你迴避這個刺眼的詞時，這就是你的缺點所在。

每個數字都同時具備正面與負面的能量，萬物也如此，由兩極組成，沒有完美。但人都害怕自己的陰暗面，不敢接納，會選擇逃避，

擅長粉飾自我。因此，我們的生活裡普遍都是「好人」和「君子」，而曝露弱點的人很可能被稱為「壞人」和「小人」。

有這樣一個現象，不少罪犯被繩之以法之後，員警去他們的家鄉瞭解案情，街坊鄰居都表示：「這個人一直很老實，是非常好的人，怎麼會幹出這樣的事？」可見，「好人」也是最壓抑的人。

面對數字透露的負面缺點，勇於正視也是心理上的釋放，不強迫自己面面俱到，反而做人更為真實可信。當你勇於對朋友說「我愛嫉妒別人，很不自信」的時候，你或許已經開始自信了。

3. 我從小就想做演員，可是從生日看我並不具備文藝天分，很糾結，放不下也拿不起來，該如何是好？

首先要相信你喜歡任何事物都不是浪費時間，在這個過程中你體驗過，這就是收穫。從生日可以看到你的天賦，但數字透露的是廣泛的意義，無法確認到細節，不要受數字的偏限，跟著心走就可以了。

人生很難一成不變，任何經歷都是必經之路，是為成就後面的路做鋪墊。

4. 既然生日有註定因素，命運可以改變嗎？

數字能暗示我們如何順勢發展，而不是逆勢而為。很多人把注意力放到「改變命運」上，卻不知道要改的是什麼命運，如果對自己的理解有偏差，就會走上不屬於自己的路，遇到阻礙就會認為命運不公，自然感覺步履艱難。比如一個命數 4 的人本來注重安全和有序，可是偏偏選擇命數 5 自由放任的生活方式，這樣一來必定會給自己製造坎坷。

命運會給我們設置一個又一個難題，你解決一個就「改變」一次，你越是怕解決，越是逃避難題，就越會累積到「無法改變」。

　　其實，所謂的改變並不存在，一個人如果有了變化，那就是還原了真實的自己，天性怎能改變？最無奈的人往往都是一邊看不清楚自己，一邊戴著面具逃避。數字的註定因素剛好就是在告訴你：你是誰，真實的你又是什麼樣。

5. 數字真的準嗎？我不信！

　　剛好我最近在看一本書，上面有句話值得摘錄過來：只有你親身經歷、體驗過的事才算是你真正「知道」的事。不要相信，也不要不相信我所講的任何東西，用你的親身經歷去確認。

　　數字之道也是統計學，最好的辦法就是驗證，這本書所寫不過是給你一個啟發，在啟發後還需要你親自去證實。不要急於否定，也不要言聽計從。

國家圖書館出版品預行編目資料

生命數字密碼 / 蘇醒著 . -- 第一版 .
-- 臺北市：樂果文化出版：紅螞蟻圖書發行，
2013.05 面； 公分 . -- (樂生活；14)
ISBN 978-986-5983-36-9(平裝)

1. 占卜 2. 數字

292.9   102006505

樂生活 14

生命數字密碼

作　　　　者	／	蘇醒
總　編　輯	／	何南輝
責 任 編 輯	／	王烈
行 銷 企 劃	／	張雅婷
封 面 設 計	／	鄭年亨
內 頁 設 計	／	Christ's Office

出　　　　版	／	樂果文化事業有限公司
讀者服務專線	／	(02) 2795-3656
劃 撥 帳 號	／	50118837 號　樂果文化事業有限公司
印 刷 廠	／	卡樂彩色製版印刷有限公司
總 經 銷	／	紅螞蟻圖書有限公司
地 址	／	台北市內湖區舊宗路二段121巷19號（紅螞蟻資訊大樓）
		電話：　(02) 2795-3656
		傳真：　(02) 2795-4100

2013年05月第一版　定價／280 元　ISBN 978-986-5983-36-9
2017年06月第一版第五刷
※本書如有缺頁、破損、裝訂錯誤，請寄回本公司調換

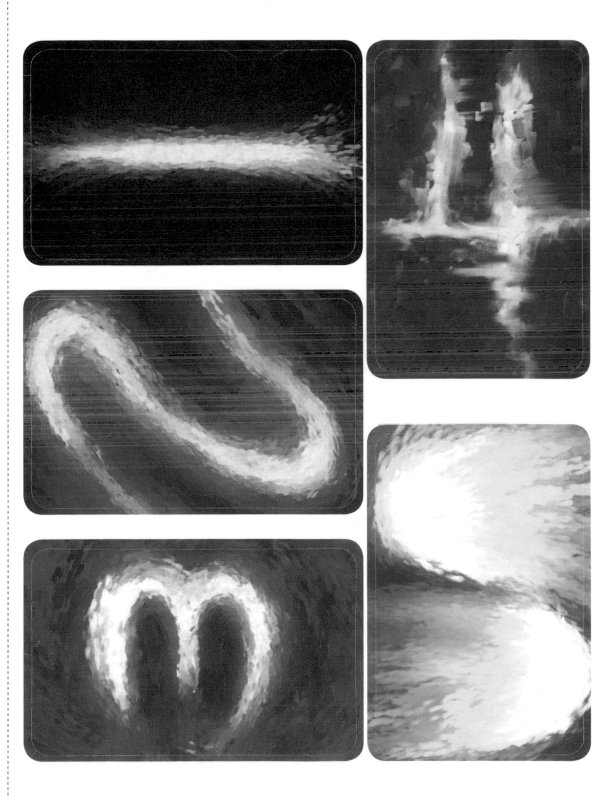

1

自我·獨立·勇敢·力量
創造性·號召力·獨特·果斷
原創性·進取
樂觀·可信任·創意

2

藝術感·耐心·寬容·可靠
善於分析·直覺力強
美感出色·配合協調·安靜
和平·善解人意·優雅

3

聰明·熱情·想像力豐富
有創意·幽默感·時尚·充滿活力
善於表達·有趣·擅社交
多才多藝·有激情·受歡迎

4

實際·組織力·可靠·實幹
誠懇·有勇氣·任勞任怨
未雨綢繆·穩重
做事認真·堅定·忠實
邏輯分明

5

敢於冒險·博學多才·反傳統
敢於顛覆·適應環境·智慧
堅持自我·充滿活力·探索心
獨創性強·視野寬
幽默感